JN011564

オーナー社長歴45年 洲山が語る

# 社長のための
# 分散株式の集約で
# 経営権を
# 確保する方法

喜多洲山

ダイヤモンド社

はじめに

## あなたの葬儀の後で何が起きるのか？

いきなりですが、ぶしつけな質問をお許しください。

「あなたは不死身ですか？」

まさか、イエスと答えた方はいらっしゃらないでしょう。もしあなたが、本当にご自身が不死身であると信じるなら、この先はお読みいただかなくて結構です。

不老不死の秘法がない以上、どのような実績を残したオーナー経営者でも、どんなに富を蓄えていても、やがて天寿を全うする日はやってきます。

しかもその日は、ある日突然かもしれません。

では、単刀直入に、あまり想像したくない「その場面」をのぞいてみましょう。

自ら創業し、あるいは父祖の事業を受け継いで順調に経営を続け、多大な利益を出していたオーナー経営者のあなたですが、ある日突然、思いも寄らなかったタイミングで、不幸にも急死してしまいました。

ようやく一連の葬儀を済ませ、自宅に、配偶者とお子さんたちが残っています。

「遺言書はあるのか？　内容はどうなっている？」

「こんな紙切れじゃ、本当の遺言なのか信じられないじゃないか。まさか、お前が作ったんじゃないんだろうな？」

「あまりにも私に不利な内容だ。私たち夫婦が晩年に面倒を見たのに！」

「法定相続や遺留分の割合は？」

「オヤジの次に会社を取り仕切ってきたのは僕だ。みんな経営のことなんて分からないでしょう？」

「そうかな？　オヤジは普段から『何かあったら次はお前に頼むつもりだから』って繰り返していたんだから」

「お母さんは『一郎』ではなく、『三郎』にこの会社を継いでもらいたい。私がお父さんの株の半分を相続するんだから、あなたたちは黙って言うことを聞きなさい！」

「そんなことで腕のいい従業員や取引先がついてくるとでも思っているのか？」

「このまま、株がバラバラになったらまともな経営なんてできない」

「親や兄弟を疑って株を奪おうというのか？」

「私は経営に興味なんかない。株なんて今すぐ買い取ってほしいが、かといってこんな安い価格が妥当なの？」

「ちょっと待ってくれ。この株式、たいへんな額の相続税がかかってくるのでは？　果たして払えるのか？」

「常務の和男おじさんの一家も株を持っているだろう。言いつけてやる。必ず僕の味方になってくれるはずだ」

「最初お父さんと一緒に創業した佐藤さんも株を持っていたはずだけど、少し前に亡くなっているじゃない？　あの株って、今どうなっているの？」


……あなたは亡くなってしまったのですから、何を言いたくても、本心が何なのかを伝えたくても、もはや口出しはできません。完全に手遅れです。

　また、愛する家族たちの仲が次第に悪くなるのを悲しんでいる場合でも、結局死んでしまえばみんな金の話か、と達観している場合でもありません。

こんな調子で、手塩にかけて育てた社業や従業員の将来はこの先どうなるのか、後継者と考えていた子息が順当に経営を引き継げるのか、取引先や金融機関への支障はないのかといくら心配しても、遺影の中からではもう手も足も出ません。由々しき状況です。最悪は、心の中で後継者と考えてきた子息が会社から追い出され、赤の他人が経営に介入する事態を招いたり、「別の意図」を持った人に乗っ取られてしまったりするかもしれません。

しかし、この原因を作ったのは、あるいはこうなることをうすうす知っていながら放置してきたのは、まさにあなたです。

人は必ずいつか亡くなり、相続という決まりがある以上、株式は分散していきます。そして会社法をはじめとする法令がある以上、オーナー会社は株式が分散すればするほど経営が難しくなっていきます。その後、高い確率で問題が発生すると断言できます。

どのオーナー経営者であろうと、どんなオーナー企業であろうと、有効な手を打っていない限り、一定の株式分散リスクが存在する事実からは逃げられないわけです。

## 目の黒いうちに、すべきことをする責務

ところで、幸いにもあなたはまだ元気です。

現時点では、ご自身が亡くなった後のことなど想像もしていないでしょうし、したくもないでしょう。

私の見る限り、自信とカリスマ性にあふれ、順調に事業を続けている経営者ほど、後継問題や遺産相続を軽視している傾向が強いと感じます。目の前の仕事に打ち込み、課題の解決に没頭し、数字で結果が出ているからこそ、人生は楽しく充実していると感じられるからです。

まさか、万能感に満ちている自分が死ぬかもしれないなんて、頭の片隅にもないのです。皮肉にも、あなたが優秀なオーナー経営者で、会社の価値が高ければ高いほど、後継問題や相続ではもめ事になる確率は上がります。なぜなら、シンプルに言って、お金が絡むからです。

だからこそ、あなたは、自分自身が元気で、目の黒いうちに、第三者から見てもどこからも非の打ちどころのない対策を打っておくべきです。

「分かってはいるけどいろいろ忙しくて……」と言い訳をなさる方もいます。

承継問題は頭の片隅にあっても、まだ遠い話だと考えがちです。実はすでに後継者候補が育っているのに、それが息子や娘だと、いつまでも幼少時のイメージを引きずり、どうしても「まだまだ任せられない」と思い込みがちです。ましてご自身は元気なのですから。

必要性や概要は理解していても、つい面倒で、あるいは正面から考えたくなくて放置しているのであれば、厳しい言い方ですが、結局何もしていないことと何ら変わりません。

オーナー社長である以上、自分でするしかありません。考えてもみてください。手腕や経験に長《た》け、カリスマ性があり、もしかしたら会社では神様のように扱われているあなたの目が黒いうちから、あなたが「死んだ後」の話を相談しに来る勇気のある人がいるでしょうか。家族や親戚が集まる機会が盆と正月くらいしかない状況で、経営権の承継や相続対策の話を持ち出せる人がいるでしょうか。

あなただって、おそらくは「かまどの灰まで自分のもの」とお考えかもしれませんから、急にそんな話を持ち出されたら「オレを殺す気か！」と不快になるに違いありません。

ただ、そのせいで、家族みんなが血みどろの争いになり、会社の先行きが不透明になるとしたら？　急な不幸や認知症のリスクが、あなたにだけはないというはずはありません。

結局、世に言う「老害」や「晩節を汚す」といった状況になる前に、あなた自身が決断し、動いて、あなた自身の手で対策を打つしかないのです。

本書は、オーナー社長が、安心して経営を進めながら、最大の使命である後継者を育成し、事業承継をスムーズに行うために、絶対外すべきでない「経営権確保の原則」を述べていきます。

**私は成長企業から破綻し、復活したオーナー社長です**

続いて、２つ質問をします。

「経営権」とは、一体、何と何の決裁権を持っている状態を言うのでしょうか？
「経営権確保の必要3条件」および「十分3条件」とは、何でしょうか？

ご自身のこれまでの経験をもとに、考えてみていただきたいのです。

ここでは、最初の質問の答えだけ述べておきましょう。
経営権とは、ズバリ言うと「金庫（お金）」の決裁権と人事権であり、その権限は、株式の議決権保有比率を担保として得られています。
株式を確保した上でこそ、社長として、先を読む卓越した経営判断とリーダーシップと人望を発揮できます。つまり、その経営権を担保できるのは、株主総会で必要な議決権の確保と取締役会での議決権確保です。

ここにこそ、本書のタイトルでもある「分散株式」を集約することの重要さがあるのです。

本書では、さまざまな事例を紹介しながら、経営権確保の「必要3条件」と「十分3条件」を解説し、その重要性を説いていくのですが、事前に質問をさせていただいたのは、第5章で詳しく解説するとおり、私自身もまたこの問題で修羅場のごとき体験を重ね、艱難《かんなん》辛苦を乗り越えた結果、これらの「条件」を身をもって考え、発見してきた体験があるからです。

私は、オーナー社長歴45年間、そして経営コンサルタントとして18年間で1000社以上の会社の経営課題のサポートを行ってきました。

私は、祖父が1924（大正13）年に大阪市で創業した会社の三代目として、1975（昭和50）年に入社、年商1億円の家内業から50億円まで拡大することに成功しました。しかし、成長を急ぎすぎたあまり30億円もの負債を抱え、破綻状態になってしまいました。

成長していく過程では、新生銀行の買収などで名を馳《は》せたSBI社長の北尾吉孝様をはじめとして、ベンチャーキャピタル４社様から約２億円の出資を受け、ＩＰＯ（新規株式公開）を目指した華々しい時代もありました。しかし、私の不徳で経営判断を誤り、破綻のピンチを迎えました。

絶体絶命のピンチを、組織再編による会社分割のスキームを用い、社業を「ＢＡＤ」と「ＧＯＯＤ」部分に分け、「ＧＯＯＤ」をＭ＆Ａで売却し、事業再生を実現しました。

出資を受けた当時、ＳＢＩ様をはじめとしたベンチャーキャピタル４社様には、バリュエーション（企業価値評価）を額面５００円の５倍の２５００円に評価していただきました。算定の根拠として、ＤＣＦ法（ディスカウントキャッシュフロー法。会社が将来的に生み出すフリーキャッシュフローにリスクなどを勘案した割引率によって現在価値に割り引いて評価額を算出する方法）を監査法人トーマツ様に作成していただき、その株価が承認されました。

しかし、経営が悪化した際は、引き受けていただいた株価２５００円の１％に当たる25円で私個人が買い戻しました。その後ついに事業停止となり、当然株式価値は０円、無価値となりました。５００円額面の株券は紙切れになってしまったのです。

つまり私は、会社の将来が飛躍し発展する可能性があれば、株券は額面の５倍、10倍にも評価されることがある一方、経営が悪化すれば価値は１００分の１にもなるし、最悪紙切れにさえなってしまうという事実を、本当に不本意ながら、自ら体験したというわけです。

その後、私は経営責任を取って事業活動から身を引き、少しの成長経験と大きな挫折を乗り越えた経験を活かし、経営コンサルタントとして第二の人生を歩み始めました。本書でお伝えするのは、こうした経験から会得した知見です。

「45年間のオーナー社長」として今痛感するのは、事業の基本とは、「ゴールのない駅伝」であるということです。

お正月恒例の箱根駅伝。もっとも感動を生む瞬間は何だとお考えでしょうか。もちろん、強豪校同士の息をのむ争い、将来を嘱望されているスター選手たちの力走、そして2日間の激闘を制して東京・大手町のゴールテープを切り、仲間たちに抱きかかえられる瞬間なのかもしれません。

しかし私は、どうしても次の走者にたすきを渡せず、時間切れとなり、たすきなしでスタートせざるを得なくなったシーンに目を奪われてしまいます。時には、どうにか直接手渡そうと力走する走者が、中継所からの視界に入っているにもかかわらず、たすきがつながらないこともあります。最後の力を必死にふり絞り走ってきた走者は、中継点に到着すると同時に倒れ込み、しばらく起き上がれません。チームメンバーに抱きかかえられ、嗚咽《おえつ》を漏らし続ける走者に胸をつかれる思いがします。走者とメンバーには、この悔しい気持ちをバネに今後の人生に活かしてほしいと願うばかりです。

経営者として、次のランナーである後継者にたすきがうまく渡らない、渡せなかった状況を、どうしても自分に重ねてしまうのです。

私はたすきを渡せなかった経験を持つランナーとして、他のオーナー経営者に、その後継者に、同じ思いをしてほしくはありません。経営者にとってのたすきは、長い時間をかけて作り上げた、血と汗と涙の結晶である事業そのものです。安定した経営権の確立、そしてその承継は、優秀なオーナー経営者の責務と言っていいでしょう。

事業経営には「大手町」のようなわかりやすいゴールはありません。そのかわり、うまく切り抜ければ100年でも、200年でも継続できますし、いくらでも「優勝校」の数を増やせる魅力もあります。

私がしたいのは、そのお手伝いです。

## 会社の数だけ人間関係とストーリーがある

1000社以上のサポートをしてきた私には、一口にオーナー経営者といっても、取り巻く状況は千差万別だと感じます。

中には、法律や税制に関する問題解決は、弁護士なり公認会計士・税理士なりがするのではないかとお考えの方もいるでしょう。一義的にはそのとおりです。私はあくまで経営コンサルタントですし、弁護士には弁護士にしかできない業務があります。公認会計士・税理士も同様です。

また、最近ではM&Aコンサルタントの活動も目立ちます。経営者としても、子女を含め、事業を承継してくれる適切な人物が見つからない場合、売却は有力な選択肢になります。

しかし、私には私にしかできない役割があります。

それは、オーナー経営者、そして分散している株式をとりまくさまざまな人たちの事情を勘案し、どうすればもっともスムーズに経営権が安定し、無事に承継できるのかをコーディネートする仕事です。

もう一度、冒頭のもめ事を読み返してみてください。すでに経営や事業に関わっていた人もいれば、以前は関わっていたけれど現在は無縁の人もいます。現在の経営方針を承継したい人もいれば、思い切って自分の代で変えてみたいと考える人もいるでしょう。

経営権に関心を持っている人もいれば、株式保有の意思が薄く、できれば少しでも高い値段で買ってほしいという人もいます。

さらにやっかいなのは、オーナー企業の場合、ここに家族間、親戚間、知人間、地域間の人間関係、個人的な感情までが影響を及ぼしかねないことです。

オレがもっともうまく承継できるんだ、あいつは子どもの頃からオレを長年バカにしてきた、一番かわいい子どもに継がせてあげたい……いくらでも考えられます。争いに姻族が加勢して、トラブルをさらに悪化させることもあります。悪知恵の働く人が得をしやすい反面、素朴で主張や欲心のない「善人」のごとき家族の生活が割を食ってしまうことも考えられます。

オーナー経営者が創業者ではなく、二代目、三代目だと、事態がいっそう複雑になっていることも少なくありません。他の少数株主たちも人間である以上、やはり亡くなり、相続が発生します。その過程で株式はさらに細分化され、複雑化していくわけです。

そして、このように不安定な状況で株式が分散していると、代表取締役の解任リスクや、株主代表訴訟のリスクなども抱えることになります。

弁護士や会計士などの専門職は、法律や税制に則《のっと》った仕事はできても、人間関係の感情にまでは立ち入れません。また、M&Aコンサルタントであれば、株式がうまく集約されていない企業は、魅力的でもそもそも買収案件の対象にならないケースがほとんどです。

こうした状態で、無理に法律や税制の原則だけで問題の解決を図ろうとしたら、家族や知人間の人間関係は決定的に傷つき、もはや修復不能になってしまいかねません。

さらに恐れるべきなのは、その結果、人からうらやまれるほど順調だった社業が傾き、承継が頓挫しかねないことです。大勢の雇用を提供し、地域社会に認められ、利益を出して社会や経済に貢献してきた黒字企業が、下手をすればそのまま消えてしまいかねないのです。

私がオーナー経営者の経営コンサルタントとして存在する意義は、多数の経験を持ち、解決方法を知っている第三者として、関わっている全員ができるだけハッピーになれ、納得度を高めた上で全体の解決に向かわせるノウハウがあることです。当事者のさまざまな話を聞き取り、全てを丸く収め、企業を生きた形で継続させていくお手伝いこそ、私の使命です。

そこで本書では、報道された有名企業のケース、そして私が実際に解決に関わった企業のリアルな実例をもとに再構成したケースを解説しながら、分散株式集約の重要性を擬似的に体験していただきます。

事実は小説より奇なり、と言いますが、いろいろなケースに関わるたび、毎回私もその思いを強くします。全ての企業、株主にはさまざまな思いがあり、人生があるからです。

## 少数株主リスクの最小化には社会的意義もある

オーナー経営者が事業に当たれなくなる理由には、死去だけでなく、高齢化や認知症の問題も見逃せません。

言うまでもなく、日本はすでに超高齢化社会に突入して10年以上が過ぎています。東京商工リサーチ（ＴＳＲ）の２０２２年調べによれば、社長の平均年齢は63・02歳で調査開始以来最高、70代以上の構成比は33・３％と、確実に高齢化が進んでいるそうです。

別の指標にも注目してみます。同調査によれば、２０２２年の「休廃業・解散」は４万９６２５社で、そのうち70代以上の社長が65・２％を占めているといいます。

引退時期が迫る中、後継者がいなければ、先ほども述べたとおりＭ＆Ａも考えられます。しかしそれも、株式が分散していれば対象になりません。

つまり、「休廃業・解散」社数には、黒字を出していて存在価値があるにもかかわらず、やむを得ず廃業・解散となってしまった企業が少なくないと感じます。株式が分散しているとその確率はさらに高くなります。黒字企業の喪失は、そのままＧＤＰの減少を意味します。ただでさえ経済が縮小しかねない日本経済にとっても、由々しき問題です。

ちなみに、２０２５年までに70歳を超える中小企業の経営者が約２４５万人となり、そのうち約半数の１２７万人が後継者未定といわれています。そして、この問題を放置すると、中小企業の廃業が急増し、約６５０万人の雇用が失われ、約22兆円のＧＤＰが失われる可能性があるといわれています。これが事業承継２０２５年問題です。

だからこそ、社長の最大の使命は、後継者の育成と経営権を万全の態勢で承継するという自覚が必要なのです。

しかも、急な相続の発生には税務面での選択の余地が多くありません。生前からの株式譲渡を長期的なスパンで準備し、同時に税金対策も欠かせません。

あなたが優秀な経営者であれば、当然相続財産は多くなるでしょう。結果、相続人たちの遺産相続は骨肉の争いとなり、いわゆる「争族」になってしまうのは世の常です。遺留分侵害額請求（被相続人が特定の相続人等に遺産のほとんどを譲るといった内容の遺言を残していた場合など、特定の者にだけ有利な内容の遺産分配がなされた場合に、一定の範囲の法定相続人が自己の最低限の遺産の取り分を確保することのできる制度）などにならないための準備は必須です。

その有力な方法の1つは、法人の活用です。人は必ず死を迎えますし、認知症のリスクがあります。ある程度の規模の会社なら、持株会社や資産管理会社を活用して、「決して死なない」「認知症リスクがない」法人が、事業会社の大株主となるのが望ましいと言えるからです。

これを実践している有名企業が、日本で最も成功している同族企業の1つ、サントリーホールディングス（年商2兆9701億円・従業員4万人超）です。同社は、親会社の寿不動産株式会社が89・5％の株を保有している絶対的な大株主です。

本書の第5章では、オーナー企業におけるお手本ともいえるサントリーの事業承継の事例を研究します。

創業から120年以上の歴史を経てなお成長を続けている同社は、どんな考え方と手法で株式の分散を防ぎ、経営権の安定化を図っているのでしょうか。規模が違いすぎると思われるかもしれませんが、制度面でも経営哲学・家訓の面でも、実際はお手本にすべきケースの宝庫です。

分散株式の集約は、オーナー経営者自身やその関係者だけでなく、よりマクロ的な観点からも進んで行われるべきだというのが私の考え方です。しかし、惜しいことに、社会あるいは政治の話題にはほとんど上っていません。

もっともこれを積極的に解釈すれば、分散株式の集約はただ自分自身や家族のためにするわけではなく、広く日本のためにもなる、ということです。付加価値を生産している現場をいかに守るか、雇用を確保し、個人消費を増やし、財産や技術の海外流出をいかに防ぐか、といった大きなテーマにもなり得ます。

そして、自分の生きた証《あかし》である大切な事業を、将来も、自分の死後も、人のために役立てられるのです。

経営学の巨人、P・F・ドラッカーの述べる7つのイノベーションの中に、「予期せぬ成功」という教えがあります。非上場株式所有の少数株主様の願う現金化の解決策は、社長にとっては、分散株式集約化の実現であり、大変喜ばれる結果となり、「予期せぬ成功」が実現しました。

私は三代目経営者として成長する機会を得ながらも失敗しました。しかしその経験こそが今や貴重なものとなり、経営コンサルタントとしての独自性につながっていると痛感します。

企業、経営という大切な存在の周辺に分散している株式、そしてそれぞれの株主の人生を見定め、企業が引き続き成長し、価値を発揮できるために、そして関わった誰もが幸せになれるように歩み寄れる着地点を共に探す。まさか私も、自分自身がそんな仕事をすることになるなど、かつては考えたこともありませんでした。

"The best way to predict the future is to create it."
――未来を予測する最良の方法は、未来を創り出すことだ。 by ドラッカー

「未来を予測することはできないが、未来を創ることはできる」と理解し、励まされました。偶然にも、今まで誰も手がけていなかった分野にたどり着いた私は、ドラッカーの教えを忠実に守っています。

安定した経営権確保のための必要十分条件を学んだうえで経営のリングに上がれば、勝てる確率が高くなります。一方で、多数の事例をもとに最適な解決策を教えてくれる大学や研究所は存在しません。私が埋めたいのは、まさにその部分です。

本書が日本中のオーナー経営者にとって、未来を創り出すお手伝いになれば望外の喜びです。

# 目次

オーナー社長歴45年 洲山が語る

社長のための
分散株式の集約で
経営権を確保する方法

## 第1章　経営権をめぐる争い――「お家騒動」から学ぶ経営権確保の必要性と重要性

## 第2章　少数株主が存在するリスク

## 第3章 株式価値はどう計算するか？

## 第4章 オーナー社長の株式集約サポート事例集

# 第5章 経営権安定の「必要3条件・十分3条件」とサントリーに学ぶ企業の事業承継

# 第1章

# 経営権をめぐる争い――「お家騒動」から学ぶ経営権確保の必要性と重要性

## 現代の世の中にもあふれる「お家騒動」

経営権を確保する方法をいきなり学ぶのもいいのですが、私はその前に、経営権を確保する必要性、重要性を、まずはケーススタディーとして概観することを強くおすすめします。

「論より証拠」ということです。

経営権争いがいかに世の中に多いのか、そのイメージが直感的にわかります。そして、その中で何が重要であり、何がポイントとなって、どんな結末を迎えたのかを知ることで、ご自身の環境・状況に合わせて取らなければならない対策がおのずと見えてくるはずです。

歴史的な意味で考えると、「お家騒動」とは、かつての大名家における内紛です。現代では言うまでもなく、比喩的に企業（とりわけ同族経営）や組織、家族などにおける内部抗争のことを呼んでいます。

そこには、さまざまな類型があり、膨大な事例が存在します。経営権をめぐって争い、クーデターが起きたり、ある日突然会社から追放されたり、あの手この手を駆使したり、その結果、分社化したりと、さまざまなパターンがあります。

ためしに、インターネット上の百科事典、ウィキペディアで「お家騒動」の項目を見てみましょう。そこには、「現代のお家騒動」として、芸能界からビジネスの世界まで、さまざまな項目が並んでいます。その数に圧倒されますが、いくつか抜き出して整理してみました。

### ▼1980年代

1982年9月：社内で岡田天皇と呼ばれるほどの独裁体制を敷いていた岡田茂社長を取締役会が解任（三越事件）。

1987年2月：関西電力で85歳になってもなお影響力を持っていた芦原義重相談役名誉会長を解任（関電の2・26事件）。

1989年：横浜の老舗バッグ製造企業キタムラで、本家キタムラを経営する弟とキタムラK2を経営する兄が対立、後に商標権をめぐる訴訟に発展する。

### ▼1990年代

1991年11月：家電量販店ノジマで野島廣司専務と弟の野島隆久常務が対立。隆久氏は独立してピーシーデポコーポレーションを設立。

1992年2月：川上家による世襲が続いていたヤマハで、川上浩社長が労働組合によって社長の座を追われる。
1992年7月：フジサンケイグループで創業家に婿入りした鹿内宏明会長を解任するクーデター。
1992年9月：角川書店で角川春樹・歴彦《つぐひこ》兄弟による経営権をめぐる対立。取締役副社長職だった歴彦氏が解任される（その後、春樹氏が1993年のコカイン事件によって逮捕。歴彦氏が社長に就任する）
1996年7月：ファッションブランドKIMIJIMA経営者の君島一郎が急逝。本妻、内縁の妻および子息間で遺産相続、後継者問題で骨肉の争いとなりブランドは消滅する。

## ▼2000年代

2001年3月：一澤帆布における遺言事件。
2006年2月：業績不振、運航トラブルが相次ぐ日本航空で、取締役4名が新町敏行社長以下代表取締役3名へ辞任要求。
2007年10月：円谷プロダクションの過半数の株を取得した広告映像制作会社TYOが同社を子会社化。創業者一族は経営から排除される。

２００７年10月：ほっかほっか亭総本部に対しフランチャイズ営業をするプレナスとの間で商標、運営方針をめぐって対立。運営店舗の約９割がプレナスを支持し「ほっともっと」に移行。

### ▼２０１０年以降

２０１０年４月：セイコーホールディングスで創業家出身の服部禮次郎・和光会長兼社長が取締役会のクーデターにより解任。

２０１４年４月：和菓子製造の赤福で先代社長の濱田益嗣《ますたね》・勝子《まさるこ》夫妻が実子の濱田典保《のりやす》社長を解任する騒動（本書45ページ参照）。

２０１５年２月：大塚家具で大塚勝久・大塚久美子父娘による経営権争いが勃発（本書38ページ参照）。

２０１５年７月：大戸屋ホールディングスで創業者の三森久実《みつもりひさみ》氏が死去。創業家と会社側が役員人事などをめぐって対立。２０２０年にコロワイドによるＴＯＢが成立。

２０１５年10月：ロッテホールディングスで創業家一族による経営権争い。創業者の重光武雄名誉会長が、次男である重光昭夫氏（ロッテホールディングスＣＥＯ）と取締役会により解任されたとして訴え、長男の重光宏之氏（ロッテホールディングスの筆頭株主である光潤社代表）は武雄氏の代理人に就く。

２０１８年10月：ＬＩＸＩＬグループで社長兼ＣＥＯの瀬戸欣哉《きんや》氏が突如退任。ＬＩＸＩＬの前身であるトステム創業家出身の潮田洋一郎氏が画策した解任劇だった。後に瀬戸氏が株主総会で社長兼ＣＥＯに復帰する。

２０２２年3月：森のたまごで知られるイセ食品で元会長の伊勢彦信氏と長男でＩＳＥホールディングス代表の伊勢俊太郎氏が経営をめぐって対立。業績悪化を理由に俊太郎氏は銀行と組んでイセ食品に対し会社更生法の適用を申請する。

　何と申し上げるべきなのか……内容もさることながら、よくもこれだけの争いが起きるものだと思います。業種、業態、規模も実にさまざまです。

　ここに挙がっているのは、あくまで人々の間でその名をよく知られた大企業・有名企業の事件だけなのですが、それにもかかわらず、これだけの項目が並んでしまうのです。

　その他の中堅・中小零細企業では、数えきれないほどの「お家騒動」が発生していることは、想像に難くありません。

## 「お家騒動」の典型的なパターンを整理すると？

ここに挙げた項目、そして私の経験を加味すると、いわゆる「お家騒動」が勃発しやすい共通の要素、パターンとしては、次のようなものが挙げられるのではないでしょうか。

①黒字企業、つまりもうかっている会社にこそ起きやすい
②経営権承継に関して何も準備していなかった状況で、経営者が急に亡くなる、認知症になると起きやすい
③家族や親族で株を分け合っていると起きやすい
④その他、株主数が多いと起きやすい
⑤設立から時間がたっている会社ほど起きやすい
⑥経営に関わっていない株主（相続で関係の薄い親戚が株主になっている、など）が多いと起きやすい
⑦株主の所在が不明だと起きやすい
⑧現経営陣内部で対立が発生していると起きやすい
⑨人間的、感情的な意味での対立があると起きやすい

実際には、これらが複合的に組み合わさったとき、問題化しやすいと感じます。収益性の高いオーナー企業の株式がある程度分散していても、自他共に認める優秀な経営手腕を発揮しているオーナー経営者がいるなら、その方が元気なうちは問題化しにくいものです。

しかし、ひとたびそのオーナー経営者の健康に支障が生じたら、状況は一変します。騒ぎになると、第三者も集まってきますし、地域社会のうわさ、果てはマスコミや野次馬《やじうま》の関心の対象にもなりかねません。有名企業、黒字企業のことは、周囲でも話題になりやすいからです。

この章では、先ほどご覧いただいた「お家騒動」の中から近年話題を集めた大塚家具、赤福など3社の事例を掘り下げて研究します。各社に起きた問題は何だったのか、そして人間の感情が絡む細かいストーリーの中から経営権確保の必要性と重要さを学んでいきましょう。

## CASE1——大塚家具

### 親子の「骨肉の争い」が耳目をひき、週刊誌・ワイドショーの話題に。

## 経営権が親子間を行ったり来たりした揚げ句、有名な優良上場企業は累積赤字を抱えて他社に売却される。

まず、3社の中でももっとも大手企業、かつ上場企業だった大塚家具における「お家騒動」の顚末《てんまつ》は、親子対立、あるいは親子げんかという構図のために、専門メディアだけでなく、ワイドショーや週刊誌、スポーツ新聞まで含めたマスメディアにも広く注目されました。

創業者で家業の手伝いから身を起こした父と、一流大学を卒業し大手銀行を経て後継者となった娘との対立、経営権争いですが、「骨肉の争い」としての注目度をさらに高めたのは、同社が上場企業だったからでもあります。

父と娘の対立の構図は、多数の株主を巻き込んだ先行きの見えないプロキシーファイト（対立する株主が、株主総会で自らの提案を可決させるために、他の株主の委任状を奪い合う格好の多数派工作のこと。いわゆる「委任状闘争」「委任状争奪戦」）へと発展しました。

しかし現在の大塚家具は、ヤマダデンキを経営するヤマダホールディングスの傘下を経て合併した後、会社としては消滅し、ヤマダデンキの一部門、ブランドとしてのみ残っている状況です。かつては高収益、無借金、キャッシュリッチを誇る優良上場企業だった同社は、なぜこうなってしまったのでしょうか。

大塚家具は、1969（昭和44）年、父の大塚勝久氏が、家業の大塚箪笥店から独立して創業した株式会社大塚家具センターに端を発します。

同社は独特の「会員制」の導入で高収益企業として名を馳せました。まず大量の広告を行って顧客を獲得、一人一人に担当者をつけて、結婚などライフスタイルが大きく変化する時期に高級家具を中心にまとめ買いをしてもらう、いわゆる「高級路線」で大きく成長しました。

しかし、北海道から全国展開を始めた家具製造小売のニトリによる価格競争や、北欧スウェーデン発祥で世界展開を続け、日本でも2006年から再展開を始めたイケアなどの新興勢力に押され、売上は2001年12月期をピークに下降し始めました。

勝久氏の長女、大塚久美子氏は、一橋大学で経済学を学び、卒業後の1991（平成3）年に富士銀行（現・みずほ銀行）に入社、その3年後の1994年に当時は高成長の途上にあった大塚家具に入社し、1996年からは取締役として要職を歴任した後、2004年にいったん同社取締役を自ら退任し、コンサルティング会社を設立して独立します。

立て直しを図っていた勝久氏でしたが思うように業績は挽回できず、2009年に久美子氏を呼び戻して社長とし、世代交代を果たして経営を任せる代わりに自分は代表取締役会長になりました。

つまり、この時点では、父娘の間でたすきはうまく渡っていたかのように見えていたわけです。

しかし、久美子氏は父の築いてきた会員制の「高級路線」から、すでに大きく離されつつあったニトリやイケアと正面からぶつかる、いわば「カジュアル路線」へと大きく戦略転換します。

これに強い不満を持った勝久氏は、２０１４年に久美子氏を代表取締役から解任し、自ら経営に復帰します。

久美子氏が主導してきたカジュアル業態の店舗は閉鎖し、久美子氏が引き上げてきた社員は「粛清」されました。

この対立は、父と娘という「お家騒動」の枠を超え、「たたき上げ」と「学歴エリート」、そして昔からの会員制高級路線を守ろうとする「古くさい経営」と、流行に合わせた「新しい経営」の対立という見方をされました。

勝久氏の復帰後も業績は回復せず、社内だけでなく創業家までが勝久氏派と久美子氏派に割れる中、翌２０１５年１月の取締役会では、反対に勝久氏が１票差で社長を解任されて会長のみとなり、久美子氏が社長に復帰するという、前代未聞の事態となります。

続く同年3月の株主総会では、双方が相手方の取締役候補を除外するための選任議案を提出、大株主や個人株主までも巻き込んだプロキシーファイトに発展し、報道の激化もあって状況は過熱しました。

結局は、保有株数の多い海外系投資ファンドが久美子氏の路線を支持したことが決定打となり、久美子氏が61％を獲得して「勝利」、引き続き社長として経営に当たることになった一方、敗れた格好となった勝久氏は退任後、長男らと共に新会社「匠大塚」を設立し、自らの信念である高級路線で再スタートしました。この際、大塚家具の資産管理会社である「ききょう企画」に対して15億円の社債償還を請求し提訴、勝訴した後に弁済を受け、新会社の軍資金としました。

多様な切り口で世間から注目を集め、創業家も社員も真っ二つとなった「お家騒動」でしたが、その後大塚家具がどうなったかを考えれば、勝久氏と久美子氏のどちらの戦略がより正しかったのかは、判断できるのではないでしょうか。

勝久氏派の従業員の大半や取引先が去ったこともあり売上はさらに低迷、２０１６年には赤字に転落します。かつて現預金１００億円超、自己資本３４４億円・自己資本比率75％という、無借金かつキャッシュリッチ経営だったはずの同社ですが、次第に現預金を食いつぶし始めます。

２０１７年には、貸し会議室業界大手のティーケーピーからの支援で10・５億円の増資を受け、同社が創業家に次ぐ大株主となります。店舗の一部を同社向けの会議室等の施設に転用しますが業績は回復せず、２０１５年12月期の売上高５８０億円・純利益３・67億円に対し、４年後には売上高は２７８億円とほぼ半減、利益は23・７億円の純損失となります。

４年間の累計赤字は驚きの２５１億円。結局、大塚家具の10倍もの規模があるニトリやイケアを向こうに回して戦うカジュアル路線は無謀で、久美子社長の戦略は失敗だったというわけです。

結果論として、プロキシーファイトで久美子氏を支持した多数派の株主たちは、自らの見る目がなかったと後悔していることでしょう。当然のことながら株価は大きく下落し、配当も得られませんでした。

久美子氏は、(当然ではありますが)父親の勝久氏と比べて若く、見栄えのする学歴エリート（一橋大学卒、筑波大学法科大学院修了）でもありました。聡明なイメージで弁も立ち、マスコミまでを巻き込んだ状況では、「新しいカジュアル路線」が実態以上に高く評価されてしまった面は否めないでしょう。

久美子氏を支持した株主にとってのわずかな救いは、結局最終的に大塚家具は倒産せず、ヤマダホールディングスの傘下に入った後吸収合併される形となりましたので、価値は大幅に下がったもののゼロにはならず、いくらかのヤマダＨＤ株式に転換されたことでしょうか。

私見を述べれば、大塚家具は自社の強みが時代遅れとあきらめるのではなく、むしろさらに追究して、自分の勝てる土俵、つまり勝久氏の高級路線を進化する形で、個人客＋法人客や業務用顧客をターゲットに戦うべきだったと思います。

経営者にとって、自らの哲学や信念をもとに経営戦略を考えることは当然ですが、その評価は結果が全てであり、いくら戦略が立派だったとしても、数字がついてこなければ「机上の空論」「絵に描いた餅」にすぎません。

大塚家具の場合、上場企業でもあり、マスコミに広く報じられたことでイメージ先行となってしまった結果、経営側も株主側も、この当然の原則がぼやけ、あいまいになってしまった面があるのではないでしょうか。

## CASE2――赤福

**さまざまなスキャンダルが発覚、経営改革を始めるも**
**絶大な経営権をタテに親子間クーデターが勃発、経営ガバナンス不在。**
**しかし、老舗の品質とブランドはいったい誰が守るのか？**

伊勢名物「赤福」と聞けば、知らない人はいないくらい有名な赤福餅であり、日本有数のお土産品です。

赤福餅を製造・販売する株式会社赤福は、「生類憐れみの令」で知られる江戸五代将軍・徳川綱吉の治世だった１７０７（宝永４）年の創業で、以来３００年を超える歴史を重ねた老舗企業です。現在の法人としては１９５４（昭和29）年の設立で、資本構成としては、創業家の資産管理会社（株式会社濱田総業）が株の８割以上を保有している、典型的な同族企業です。

余談になるかもしれませんが、私のような年代の人間にとっては、法人としての赤福の初代社長である濱田ます氏（八代目当主の未亡人）を題材としたテレビドラマ「赤福のれん」（１９７５年・フジテレビ）で、同社の逸話や信念が広く知られてもいます。

同社にとって中興の祖とも呼ばれているます氏（テレビドラマでは十朱幸代さんが演じた）は、戦後の混乱で赤福としての品質を保持できる原材料の入手が困難だった時期、味を妥協して商品を売ることをせず、5年もの間店を閉めて先祖伝来の田畑を売って堪え、従業員を解雇せずに守ったという逸話で知られています。伝統の味も従業員も守る誠実なイメージが、現在にまで至る「赤福」というブランドを支えていると言えるでしょう。

しかし、近年の同社では、実父が息子社長を追い落とすという「お家騒動」が起きています。しかもそれは現在進行形です。経営権という観点から同社で起きていることを考察します。


濱田家の十代目当主である濱田益嗣氏は、ます氏に続き法人の二代目社長に就任しますが、益嗣氏入社当時の年商は8400万円、従業員は94人だったといいます。

益嗣氏は商品の大量生産、広域販売体制を確立し、業容を年商250億円、従業員1600人へと急拡大させます。一方で地元・伊勢市に140億円を投資し、伊勢神宮の脇に商店街「おかげ横丁」を完成させ、全国有数の観光地へと押し上げます。こうした実績もあり、地元商工会議所の会頭職なども務め、地域を代表する名士となりました。

一方で同社は、中興の祖・ます氏が守った品質をむしろ軽視したとも言える体質が常態化していたことも判明し、いわゆる「食の安全」の観点から、大きな批判を浴びました。

２００７年10月には、同社で消費期限の偽装や売れ残り商品の再利用が行われていたことが発覚します。当時益嗣氏はすでに社長職を長男で十一代当主の典保氏に譲っていましたが、同様の不正行為は益嗣氏が社長を務めていた時代から30年以上も行われていたことが判明、同社は食品衛生法違反で、３カ月間の営業停止処分を受けました。

益嗣氏は会長職を引責辞任、典保氏は経営再建のため続投し、併せて大物バンカーの玉井英二氏（当時75歳）を会長に招聘《しょうへい》します。

玉井氏は元住友銀行副頭取で、大昭和製紙の再建に辣腕《らつわん》を振るったり、イトマン事件の際は「住友銀行の天皇」と呼ばれた磯田一郎会長追い落としの急先鋒《せんぽう》に立ったりした大物硬骨漢です。同氏による改革で、赤福はコンプライアンスの徹底と企業風土の改革、作り置きできない生産ラインの導入など近代的な経営に舵《かじ》を切り、経営再建に成功、典保氏も高い評価を受けました。

しかし、あまりにも急激に改革を進めたため、同社の株式の８割を保有している濱田総業の社長に前年復帰していた益嗣氏は不満を募らせ、ついに２０１４年４月23日の臨時株主総会で実の息子である典保氏を代表取締役から解任、代表権のない会長職に退け、自分の妻である勝子氏を代表取締役社母兼社長に就任させせました。

典保氏の持ち株比率は20％の少数株主であり、80％の濱田総業が絶対的な大株主で、議決権割合ではいかんともしがたい状況でした。

詳細を見ると、この株主総会では7名の取締役全員が退任、その後に典保氏が取締役会長に、4名の取締役は執行役員となり、益嗣氏と玉井会長は「完全引退」という形になっています。

つまり益嗣氏は玉井英二氏を道連れにして退任し、玉井会長の影響力を排除しようとする目的だったと思われる取締役人事でした。いわば、家族間でのクーデター劇です。

その後益嗣氏は、2017年には再び赤福の代表取締役会長に復帰しています。

この「超ワンマン」とも言える前経営者の「暴走」は繰り返されます。益嗣氏は長年指定暴力団幹部との付き合いがあり、赤福の関連企業では2000年から2012年にかけて益嗣氏の指示で指定暴力団の代紋が入った焼酎を製造、販売していたことが2020年に発覚します。結局益嗣氏は同年、再び引責辞任をしています。

益嗣氏が典保氏と経営方針で対立した理由は、ます氏から受け継いだ家業を、近代的な企業にすることへの反発があったともされています。しかし、はた目には、ます氏がもっとも大切にしていた味や品質に対する軽視と、その改善と経営改革に対する抵抗にしか映らず、非常に残念です。

赤福の社是は「赤心慶福《せきしんけいふく》」だといいます。これは、人を憎んだり、ねたんだりという悪い心を伊勢神宮内宮の神域を流れる五十鈴川の水に流すと、子どものような素直な心（赤心）になり、他人の幸福を自分のことのように喜んであげられる──という意味なのだそうです。同社も、社是の教えを活かした経営が望まれます。

ほぼ同じ時期の2007年8月、やはり賞味期限の改ざんなどが発覚した北海道の石屋製菓（「白い恋人」などで知られる）は、同様に金融機関から役員を招き、企業風土を完全に変革した後、再び代替わりしたオーナー家に「大政奉還」した経緯があります。赤福の例とはあまりに対照的です。

赤福では現在も、世間では評価の高かった典保氏を追い出したまま、80代半ばとなったオーナー夫婦が絶対的な株主権を行使しつつ、孫を十二代目当主に指名することを生きがいとしているかのように見えるのは、甚だ疑問です。その一方で、幸か不幸かは分かりませんが、赤福は今も絶大な人気を保っています。

典保氏にも、食品偽装の不祥事の際、親子の会話をしっかりと行い、オーナーである父親の理解を得る努力がもう少し必要だったのではと思いつつ、それ以上に、もはやつける薬のない益嗣氏を諭せるような大物がいればまた違った展開になったのではないかとも思います。

## CASE3――渡邊商店（仮称）

**経営に関わっていない元都市銀行員の長男が父親の遺言書を偽造。**
**裁判でもいったんは認められ、後継者の次男夫婦は長い間追放された後、逆転勝訴。**
**オーナー経営者の父親は、生前に何をしておくべきだった？**

最後は、家業を再生させ、若者に人気の服飾品を製造・販売して大成功していた「渡邊商店」（仮称、以下、人名も仮名）をめぐる「お家騒動」です。この項は、ある実在した事件をもとに、再構成したフィクションです。

経営権の確保、そしてその確実な承継は、多くの経営者に重い課題を悟らせるケースになるのではないかと思います。というのも、この事件では、事業に関わっていなかった元都市銀行員の長男が、オーナー経営者である父親の遺言書を偽造し、家業を復活させて実際に経営に携わっていた次男夫婦を会社から追い出して乗っ取ったからです。

しかし、次男夫婦は長い時間をかけて逆転勝訴を勝ち取り、経営権を取り戻しました。

では、オーナー経営者だった父親は、生前にいったい何をしておけばよかったのでしょうか？

渡邊商店は、19世紀に創業した、服飾や服飾小物を扱う老舗企業です。

同社はもともと一般的な商品を製造・販売していましたが、やがて伝統的な商品を再解釈し、デザイン性を高めた商品を開発することで若年層の心をつかみ、大きな評判を集めました。

その歴史や商品はマスコミにも頻繁に取り上げられ、老舗の看板が新たなブランドとなり、地域を代表するブランド品として、ファッションにこだわる若者たちの間で全国的に大人気となりました。

しかしあるとき、その渡邊商店が、商品やファッション以外の話題で注目を集めることになりました。

先代の渡邊源太郎氏が亡くなった後、相続に絡んで家族同士の大騒動が発生したのです。

この問題がクローズアップされたのには理由があります。源太郎氏が書いたとされる「２つの遺言書」が出てきたことが、大きな疑惑を呼んだのでした。

源太郎氏には、長男の一郎氏、次男の次郎氏、三男の三郎氏の三人の息子がいました。

そして長男は銀行勤務、三男はかつて渡邊商店に勤めていたもののすでに退社しており、次男の次郎氏が源太郎氏の後を引き継いで社長を務めていました。

次郎氏は、かつて大手企業に勤めていたのですが、父親の源太郎氏が高齢であったことから、家業を手伝うため20年前に渡邊商店に入社しました。当時、渡邊商店は赤字経営で、十数名の従業員を抱える父を助けながら、会社を再建することを託されたようです。

その4年後、次郎氏は社長に就任。その経営手腕によって渡邊商店を黒字経営の優良会社に育て上げ、従業員も約１００名に増加するまでに成長を遂げました。

それに引き換え、長男は銀行員で、実家の商売にはまったく関与しておらず、父である源太郎氏との交流もほとんどない状態でした。

源太郎氏は生前、顧問弁護士に遺言書を託していました。巻紙に毛筆でしたため、実印を押したものです。

その内容は、「会社の保有株の67％を次男の次郎夫婦に、33％を三男に、銀行預金などを長男に相続させる」というものでした。

この内容は、先代から経営を託された次郎氏が自社株の３分の２以上（67％）を相続するというものであり、常識的に考えて、まともな遺言であるといえます。

しかし、これに対して長男は、「生前に父から預かった」という、もう1通の遺言書を提出しました。その内容は、「会社の保有株80％を長男に、20％を三男に相続させる」という最初の遺言書とはまったく異なるものでした。

この遺言書どおりなら、渡邊商店の経営権は、次郎氏夫婦ではなく、長男と三男の手に渡ってしまいます。

遺言書が２通ある場合、民法の規定で後に書かれたものが優先されます。長男が提出した２通目の遺言書は、１通目の遺言書よりも後の日付になっていました。

ただ、この長男が提示した遺言書に次郎氏は疑問を持ちました。

自分の相続についてまったく触れられていなかったのはもちろんですが、２通目の遺言書には実印ではなく三文判が押されており、さらに「渡邊」の文字が「渡辺」と新字体で書かれていたからです。

生前の源太郎氏は、自分の名字や会社の名前が「渡辺」と記されることをとても嫌っていました。もちろん、自分で書くときも必ず「渡邊」としていました。

「どう考えても父が書いたものではない。父のこだわりを知らない誰かが書いたものに違いない」

次郎氏は、父と疎遠だった長男が書いたものではないかと疑いを持ちました。

万年筆ではなく一般的なボールペンで書かれていたことも、２通目の遺言書の信憑性《しんぴょうせい》を疑わせました。源太郎氏は普段ボールペンを好まず、舶来の万年筆を愛用していました。

しかも、２通目の遺言書に書かれた日付の頃には、すでに源太郎氏は病に倒れた後で、後遺症のために文字を書くのも困難になっていました。

そこで次郎氏は、２通目の遺言書は偽造されたものだとして、無効確認を求めて裁判所に提訴しました。

しかし、この裁判は4年かけて最高裁まで争った結果、「無効といえる十分な証拠がない」として次郎氏側の言い分は認められず、敗訴が確定してしまいます。

疑惑だらけの２通目の遺言書が認められたことで、長男は渡邊商店の経営権を掌握。次郎氏を社長職から解任し、会社から追い出してしまったのでした。

その後、次郎氏は、渡邊商店を辞めて自分のもとに集まってくれた社員と共に、「渡邊次郎商店」という会社を設立。新ブランドとして営業を開始します。従来の原料の仕入れ先や販売先も、これを応援する形で渡邊次郎商店と取引を続けてくれました。

一方、長男に奪われた渡邊商店も、新しい職人と仕入れ先を確保して、主に個人客向けに営業を再開します。２つの店は、隣り合った状態で営業を行い、ライバルとして激しい火花を散らすことになりました。

やがて、遺言書をめぐる次郎氏夫婦と長男の新しい裁判が始まりました。次郎氏の妻が、長男を相手に遺言書の無効確認などを求めて訴えを起こしたのです。

先の裁判では、最高裁で敗訴が確定してしまっていたので、次郎氏側は、「もはやどうにもならない」と、いったんは全てをあきらめました。法的には、ある争いについて最高裁で判決が確定してしまったら、同じ争いについて前と同じ目的では、既判力[注]によって裁判できないことになっているからです。

注：既判力とは、裁判所の判断が最終的なものとして、当事者や後訴の裁判所を拘束する効力のこと。民事裁判においては、当事者は既判力と矛盾することを主張できず、また裁判所も異なる判断をすることはできない。

しかし、次郎氏が長男を提訴する機会は失われましたが、次郎氏の妻には、その権利が残っていました。というのも、２通目の遺言書には、妻に対する相続分への記載が全くなかったからです。

次郎氏側はこれを根拠に、妻を原告として再び遺言無効確認の訴えを起こしました。一審の地裁では訴えが棄却されましたが、高裁では、「重要な文書なのに認め印が使われるなど極めて不自然。真正な遺言書とは認められない」と、遺言書が無効であるとの判決が下されました。

そして翌年、最高裁にて、ついに次郎氏側の勝訴が確定しました。

これによって１通目の遺言書が有効であることが認められ、次郎氏は渡邊商店の代表取締役に復帰することができました。

最初の裁判で争点となったのは、２通目の遺言書が「本物」か「偽物」かということであり、極論を言えば、遺言書の内容は無視されていました。

しかし、二度目の裁判では、遺言書の内容そのものが「有効」か「無効」かということが大きな争点となりました。その結果、明らかに内容に「不自然な点がある」ということで「無効」という判決が下されたのです。

長男は、次郎氏夫婦の努力のおかげでもうかっていた渡邊商店を、何とか自分のものにしようと細工をしたのだと思われても仕方ないのではないでしょうか。

誰が見ても、夫婦で父親と一緒に20年以上も苦楽を分かち合い、晩年には病に倒れた父親の看病もしていた次郎氏夫婦が事業を承継するのが自然でしょう。

こうして次郎氏夫婦はようやく、渡邊商店の経営権を承継することができました。

しかし、ここに至るには、先代が亡くなってから最高裁での逆転勝訴を勝ち取るまで、実に10年近い長い年月がかかってしまいました。

この事件で、教訓にしておきたいことが2つあります。

まず経営権の譲渡はなるべく早く済ませて、後々、家族同士の争いが起きないようにしておくべきだということです。

もし、源太郎氏が亡くなる前に、あらかじめ次郎氏夫婦に3分の2の自社株譲渡を済ませていれば、このような「お家騒動」が起きることはなかったかもしれません。

できれば株式譲渡契約の決済を分割にして、生前贈与なども活用した形で、早い段階から自社株を譲り渡しておくべきだったのではないかと思われます。

繰り返しになりますが、事業承継とは、「後継者に、譲った会社の経営権をしっかりと掌握させること」です。

それを実現するには、なるべく早く50％超、できれば66・7％以上の自社株を後継者に譲り渡しておくべきです。

私がアドバイスする立場であったら、専門士業やコンサルタントのアドバイスを受けながら持株会社を設立して、持株会社に源太郎氏の全株式を譲渡し、持株会社の株式は次郎氏が100％所有し、次郎氏が持株会社の代表取締役を務めれば、完璧だったと思います。もっとも、自社株の評価額によっては、譲り受ける後継者の贈与税や相続税の納税負担が大きくなりすぎて、承継がうまく進まなくなる場合もあります。

もう1つの教訓は、遺言の残し方を徹底すべきことです。源太郎氏が生前遺言書を残したこと自体、そしてそこに書かれた内容は適切だったとしても、死後、長男のような第三者が内容を書き換えてしまわないよう対策をしておくべきだったのです。その方法については、第2章で詳しく述べていくことにしましょう。

## 全ては結局、経営権＝株の議決権に行き着く

世間でもよく知られた3社の「お家騒動」を見てきました。企業規模も、騒動に至る経緯もその後の流れもさまざまです。

しかし、3社のエピソードから学ぶべき教訓は、良くも悪くも、結局は経営権が全てだという厳然とした事実です。

究極の経営権争いの場は、株主総会における議決権で取締役選任が決まる瞬間です。そして、代表取締役は役員の互選で選任されます。

つまり、まずは株主総会で取締役に選任されないと経営には関与できません。いくら株を保有していても、配当を受け取る以外に投資資金を回収する道は閉ざされてしまいます。

言い方を変えますと、正しい経営判断をし、世間から評価を受けようと、事業を把握し従業員の尊敬を集めていようと、経営権がなければいつでも追い出されるリスクがあるわけです。

反対に、疑問符がたくさんつくような経営者であろうと、経営権さえ確保していれば、当面は自由に経営できるというわけです。もっとも、そうした企業が今後長い間成長できるかどうかは別問題です。

また、同族企業や、上場企業でも同族企業から発展した会社には、それぞれ創業家や、その周辺にいる人物の人生があります。それぞれに会社や事業への思いはあるでしょうし、時には信念と信念がぶつかり合い、信頼関係が壊れたり、社業が滞ったりすることもあります。

経営権の争いがひとたび生じれば、血を分け合った親子・兄弟姉妹であろうと、関係は悪化し、最悪の場合には一生不和のまま分裂してしまうこともあります。とても残念なことで、オーナー経営者であれば、そうならないような対策を前もって打っておくべきでしょう。

一方で、現実的にはこう考えることもできます。

どのような事情や背景があったとしても、株式会社であるからには、結局、取締役は株主総会で選出され、代表取締役は取締役の互選で選ばれるだけです。その決め手は最終的にはどこまで行っても議決権株数でしかありません。家族関係も、誰の信念がどうなっているかも、株数の論理の前では関係ありません。

あるいは、こういう言い方もできるでしょう。本当に自分の信念に基づいて確固とした経営をしたいのであれば、そしてその経営理念を意中の人物に承継させたいのであれば、株数を背景に経営権を握るしかないわけです。経営権を握った人物がどのような間違いをしようと、それは本人の責任となります。意中の後継ぎが経営を間違え、事業をつぶしたとしても同じです。

しかし経営権がないのであれば、間違いを犯す権利すらない、というわけです。

そうならないための対策こそが、第5章で詳しく述べる、経営権確保の必要3条件と十分3条件なのです。

その昔、天下の大泥棒として歴史に名を残した石川五右衛門は、辞世の句として、

「石川や　浜の真砂《まさご》は尽きるとも　世に盗人《ぬすびと》の種は尽きまじ」

と詠みましたが、盗人だけでなく、「お家騒動」もなくなりそうにありません。

したがって同族会社では、お家騒動は起こりうるものであるという前提のもと、対策を遺漏なきよう、万全の態勢で構築すべきです。現役で活動し、日々の事業に忙しい多くのオーナー経営者にとって、経営権の確保がいかに大切なのか、具体的なエピソードを通して痛感していただけたのではないでしょうか。

次の章では、少数株主が存在し、経営権を確保できないでいるとどのようなリスクがあるのか、具体的に見ていくことにしましょう。

# 第2章

# 少数株主が存在するリスク

## 会社経営における「経営権」を知らない経営者が多すぎる

第1章では、世の中にあるさまざまなお家騒動の実例を見てきました。詳細な事情をのぞき見てようやく経営権確保の大切さ、その根拠となる株式集約の重要性に気づかれた方もいるのではないでしょうか。

現実は、非常に恐ろしいことに、無関心でいるオーナー経営者が決して珍しくありません。

現在、自分が会社を仕切り、しっかり利益を出しているからこそ、自分が確固として経営者であり続けている――それは半分正しく、半分は間違いなのです。

もっとも、関心が薄いのはオーナー経営者だけではありません。融資を通じて経営者にアドバイスする立場にあったはずの銀行出身者であっても、経営権や株数の話をしっかり理解している人は多くないようです。

実は私の会社「喜望大地」では、大手銀行の支店長や営業部の部長と議論するのですが、私が、

「会社における経営権とは、一体何だと思いますか？」

という、ごくシンプルな質問をすると、「持株比率が50％を超えていると総会で苦労しな

い」とか、「3分の2以上の議決権株式を持っていることで重要決議が可能であったような……」というくらいの答えが返ってきます。

もちろん、それで大きくは間違っていません。しかし、私が「それ以外はどうですか?」と聞いても、もはやそれ以上は何も出てこないことがほとんどです。

金融のプロでも、当事者であるオーナー経営者でも、経営権とは何なのかを知りません。経営権がない株主であっても、どのくらいの株式保有比率でどんな権利が発生するのかには、ほぼ無頓着です。

経営権を持っていない株主を、少数株主と総称します。少数株主にもさまざまな権利があります。後でまとめて述べることにしましょう。

少数株主が存在していても、同族経営や非上場の中小企業であれば、普段は大丈夫なのです。ただ、ひとたび第1章で見てきたような問題が発生したら、どうでしょうか?

経営者が倒れたり、亡くなったりする。経営者や会社が不祥事を起こす。乗っ取りをしかける人間が現れる……等々。そのきっかけは、あらかじめコントロールできないケースがほとんどです。

しかも、そこには第1章で見てきたような、深く濃厚な人間関係も関連してきます。家族の仲が悪くなり、摩擦や軋轢《あつれき》の中で精神的にも長い期間つらい目に遭ったりするかもしれません。いったん感情面でもつれてしまうと、法令や論理だけでは必ずしもうまく解決・調整できないことが多いからです。

そして、何かが起きた後に打てる手はあまり多くありません。あるいは、多大なコストを払って後から苦労するくらいなら、事前に手を打っておいたほうがずっとクレバーです。

経営権の確保が重要。それにはまず、株式の集約です。会社や事業、そして家族や周囲の人たちを大切に考えているのなら、ぜひ元気なうちに株式の集約に向けて手を打っておくことをおすすめします。その上で、親族を後継に決めているのであれば、しっかりとした遺言の形、あるいは事前に贈与する形で自ら経営権を承継しましょう。

残念ながら親族に引き継げない状況でも、株式を集約しておけばM&Aで売却できる機会が高まります。

この章では、少数株主が存在するリスクと、経営権確保のための株式集約について、私の経験と考え方を述べていきます。

## 経営権のリスクはどの会社にも存在している

事業に邁進《まいしん》しているオーナー経営者の実感として、自分自身に今、経営権のリスクがあ

ると は思えない方もいるでしょう。

もっともわかりやすい例は、オーナー経営者自身が１００％の株式を保有しているケースです。

さすがにこれなら、経営権は盤石でリスクなど何もないし、あとはうまく経営していけばいいのではないかとお考えでしょう。それはそのとおりです。

では、あなたが亡くなったとしたら、その株はどうなるでしょうか？

それでも、相続人が配偶者だけ、あるいは配偶者がすでにおらず子どもが1人しかいないなどのケースであれば、原則として1人が全てを相続しますので少数株主は生まれません。

しかし、優良企業であればあるほど、あなたの会社の株式は相続財産としてそれなりの評価を受けます。果たして、残された人は急に多額の相続税を払えるでしょうか。そのために預貯金、土地家屋など他の資産を手放さなければならなくなるかもしれません。

そして、突然あなたから引き継いだ企業を、あなたの代わりにオーナー経営者となって切り盛りしていけるでしょうか。そうではないなら、信頼して任せられる他の役員や従業員はいるのでしょうか。

配偶者と子がいる場合は、この時点で１００％保有という状況ではなくなります。法定相続であれば配偶者は半数を確保できますが、「過半数」ではありません。この状況で、家族間でもめ事が始まったとしたらどうなるでしょうか。

少し想像しただけでも、このとおりなのです。オーナー経営者であるあなたが1人の人間である以上、必ず引退、あるいは亡くなる時が来ます。つまり、株は必ず分散していくわけです。

自分は決して死んだりしない、という意気込みは結構です。一代で会社を作り上げた、あるいは家業を大きく成長させた自信がそう思わせる根拠なのかもしれませんし、あまたの難題やピンチを乗り越えてきた自負もあるでしょう。

それでも、相続や会社法の決まりは、その点を勘案はしてくれません。全ての経営者、全ての企業に、経営権のリスクが存在していることを、まずは認識していただきたいのです。

## 家族間の愛情で事態が複雑化するケースも

私が相談を受けた企業の中には、父親である「カリスマ経営者」が経営権承継を何も考えていなかったせいで、少なからずご家族が大混乱に陥ってしまったケースがあります。

先述のとおり、遺言を残していないのであれば、経営権の源泉である株式は法定相続となります。つまり、配偶者50％・子ども50％です。子どもが複数いるなら、50％を分け合う形になります。

ポイントは、過半数（過半数とは全体の半分より多い数）すなわち半数を超えている株主がいないこと。しかし、もっとも過半数に近いのは配偶者だという点です。

長男と次男が、オーナー社長である父親の会社を支えていて、妻は特に何もしておらず、１００％株式を持っていた父親が遺言なしに亡くなったケースを想定してみましょう。長男も次男も取締役でしたが、社内や地域の評判では、次男のほうが優秀で人柄も良く、父親の経営理念や信念をよく理解しているという定評があります。一方、長男は高い役員報酬を受けながら横柄で、社業にも通じておらず、むしろ地域では派手な遊び人として有名です。

そして、創業者の父から会社の株を妻50％、長男と次男がそれぞれ25％ずつ相続することになりました。

この時点で、妻がこんなことを言い始めたら、どうなるでしょうか。

「お母さんは、《長男》が会社を継いでくれたらいいと思っているの」

次男も周囲も混乱します。しかし、打つ手がありません。

なぜなら、長男が母親と組んでしまえば50＋25＝75％の株式を握ることとなり、経営権を確保できてしまうからです。母親を説得し、長男が納得して考えを改めない限り、どうにもなりません。

妻かつ兄弟の母親がそう考える理由は、もしかしたら、このようなことかもしれません。

「お父さんは、子どもの頃から次男ばかりえこひいきしてきた。次男はお父さんに似て、仕事ばかりして家族を大切にしない。私は長男が気の毒に思った。本当は昔から優しくて、私の言うことをよく聞く長男を応援したい」

母親としての立場からはそれも一理あると言えなくもありませんが、創業者の遺志とも、周囲の評価からもひどく乖離《かいり》がある決定が、経済合理性も何も考慮されないまま、強力な株主権によって押し通されてしまうこともあるわけです。

当然、これでは次男は不満でしょう。しかし、抵抗すれば、後で述べるように最悪の場合は取締役を解任され、会社からそのまま追い出されてしまうかもしれません。それでも次男についていきたい従業員や次男を信頼する取引先は会社を離れてしまうかもしれません。

同じ家族とはいえ、それぞれが別の人間であり、異なった感情や考え方を持っているのは自然です。しかしそのために、創業者である自分自身の考えや、手塩にかけて成長させてきた事業が危機に瀕《ひん》し、企業としても家族の関係としても良くない方向に向かってしまいかねないリスクがある、というわけです。オーナー経営者は、たとえ現時点では問題が表面化していなかったとしても、元気な間に先手を打っておかなければならないのです。

東京・渋谷駅前に立っている有名な忠犬ハチ公像のモデル、ハチ公の主人で、日本の農業工学、農業土木の始祖としても尊敬される東京帝国大学教授の上野英三郎博士の逸話が思い出されます。

ハチ公は急死した博士を渋谷駅で10年間も毎日待ち続けたことで有名になったわけですが、奥さんは上野博士と内縁関係にあったために、急死後一切の財産を引き継げずに家からも追い出され、大変苦労したのです。上野博士が実家の斡旋《あっせん》する縁談を断って結婚したがったため、家長である父親から認めてもらえなかったことが原因でした。上野博士ももし自分の死期が近いと悟っていたら、恐らく何かしら手を打って奥さんの生活を守ろうとしたでしょう。

なお、犬の1年は小型犬で人間の約4年、大型犬で人間の約7年だそうです。人間にたとえるとハチ公は博士を約70年間も待ち続けたことになります。日本犬保存会初代会長・斎藤弘吉は1932（昭和7）年、渋谷駅周辺で邪険に扱われているハチを哀れみ、ハチのことを東京朝日新聞に寄稿しました。その記事によってハチ公は世に知られることになり、1934（昭和9）年、渋谷にハチ公の銅像が建てられたのです。

多少脱線しますが、現代社会の「平等な」相続は、戦後改正された現行民法によるもので、かつては家制度のもと、あくまで家督を継ぐ後継者に集約されることが前提でした。近代以前も、多数の兄弟で田畑を分けてしまうとどんどん効率が悪くなるため、分割自体が禁じられていたのです(注)。

分ければ分けるほど経済効率、生産効率が落ち、成長力が鈍ってもめ事が増えることを、かつての為政者は経験的に知っていたわけです。現在の民主的な、平等な世の中の常識からは想像できない決め事ですが、相続で株がどんどん分かれてしまえば争いのもとになりかねないことは、今も昔も変わらない真理と言えるようです。

注：江戸時代、農民が田畑を分割相続したことを「田分け」と言う。分割相続することによって耕地が狭くなり、租税能力が減少することを防ぐため、幕府は分地制限令を出した。なお、田分けによって零細化した農民が貧農となる恐れがあることから、田分けする者を「戯《たわ》け（呆《ぼ》け）」と呼んだともいう。私は「分地制限令」が理にかなっているので、先人の智恵と考えています。

## プロの「後妻業」は本当にあると思え

こうした「カリスマ経営者」の経営する企業が、いわゆる「後妻業」とでも呼ぶべき女性の登場によって乗っ取られた、大混乱を招いたケースが、私が相談を受けた案件でも複数思い出されます。

その名も『後妻業』という小説（黒川博行著、文藝春秋）や、それを映画化した『後妻業の女』（鶴橋康夫監督）という作品があるくらいですから、ドラマや映画の題材として興味本位に考えがちですが、似たような話は実際に存在すると見たほうがよいのです。私は映画を拝見しましたが、実際に経験したいくつかのケースが思い出され、背筋が寒くなりました。

前妻と離婚、あるいは死別した後、後妻となった女性は、それでも配偶者ですから、遺言書がなければ夫の死後財産の半分を法定相続する権利を持っています。甚だしき場合は、多少認知能力が弱ってきたタイミングで、自分側に有利な遺言書を夫に書かせ、あるいは書いた形式にして、前妻の子たちの配分をできるだけ少なくしようとするパターンもあります。

信じがたいかもしれませんが、こうした形で後妻になる人の中には、残念ながらプロのごとく、長い計画の中で巨額の資産を持つ「カリスマ経営者」に近づいてくる人が存在します。資産持ちの「カリスマ経営者」には、すでに地域や業界で顔や名前をよく知られている有名人・名士も少なくありません。つまり、知っていて接近してくることもあるわけです。そして、いざ相続が発生したら、自分の立場が有利になるよう力になってくれる専門家とも通じています。

プロの目的は、ただ現時点での個人と会社の資産、そしてそれを自由にできる経営権だけです。その企業が生み出している価値や保有している技術、今後の成長していく可能性、従業員の雇用、それまでの歴史や社会的な存在意義などには一切関心がありません。あとは経営権を背景に、反対する人たちを堂々と追い出し、人事を乗っ取った上で財産を自由に処分するだけです。

ただしプロですから、実際に資産を獲得できる時が来るまでは、本当の目的を注意深く隠していることがほとんどです。有り体に言えば、「カリスマ経営者」の最期をひたすら待っているわけです。

精力的な経営者であればあるほど、結果を出していればいるほど、心から心配してくれる人の忠告を遠ざけながらも巧みに接近してくる危険な人たちを許してしまいがちです。そんな大げさなと思うかもしれませんが、こうした危険な構造を自ら知っておく必要があります。

元気なうちに死後のことを考えるなど、気分が良いものではないかもしれません。しかし、あなたが立派な経営者であればあるほど、あなたに資産があればあるほど、自分で気づき、自分で行動しなければいけません。そうできる能力がなくなった後、そして天寿を全うした後では、もはや何も手出しができないからです。

## 見事な承継例を学べ

業績絶好調の中でも、自らの意思でしっかり後継者への引き継ぎを済ませ、その後の体制づくりに成功している経営者も存在します。

最近の有名な例では、「ジャパネットたかた」の創業者で元社長の高田明氏です。ご自身は講演活動などを通じて考え方や経験を広く伝えながら、余生を充実させていらっしゃいます。

高田氏は２０１５年、東京大学卒の長男、高田旭人《あきと》氏に経営の座を譲り、自分は会長にも就任せず、完全に引退しました。報道によれば、保有していた株式もすでに旭人氏に譲渡済みで、経営権も手放しているそうです。

地方からテレビショッピングの体制をつくり上げ、自らMCとして表に出るというスタイルは、他のどの企業にもマネのできないノウハウとデータ分析、そして経営者としての直感が元になっているといいます。その成功で成長した企業を自らの意思で完全引退するというのは、経営権の確実な承継に対して相当に強い意志があったのではないかと推察します。

もう1人は、「業務スーパー」のブランドで小売業を展開している神戸物産の創業者、沼田昭二氏です。

沼田氏は46歳当時の2000年に「業務スーパー」の展開を始め急成長したものの、自ら大病を患ったこともあり、2012年には当時31歳の長男・博和氏に事業を承継し、引き継ぎのための2人経営体制を経て2017年に完全引退します。

そして現在は、世界的なエネルギー危機のもとで、地熱発電を手がけるベンチャー企業や専門学校を設立し、全く異なった分野で新たな活動を始めているそうです。

この2例をひと言で言うなら、見事と言うほかありません。

自らの意思で自ら承継の方法を考え、経営権まで含めてしっかり譲渡し、自分は残された人生を充実させながら生きる。これならいつ人生最後の瞬間が来ても、誰も混乱することなく、会社も存在価値を発揮し、ご自身も成長を続けられるでしょう。

また、我が国の同族企業の頂点に立っているとでも言うべき大企業、サントリーの場合は、代替わりを経ながらも、成長性も経営哲学も強固なままです。そこには、経営権の分散と争いを避けるための究極の仕組みが存在します。これについては第5章で述べていくことにしましょう。

オーナー経営者は、他人から承継や相続の話を聞かれて、「お前は私を殺す気なのか？」とか、「私が死ぬのを待っているんだろう？」などと疑心暗鬼になるくらいなら、自分の意思でベストな承継方法を考えるべきではないでしょうか。

その決断ができるのは、自分自身しかいません。

## 遺言書が大切なら、どうすべきなのか？

オーナー経営者としての責任を自覚したなら、まず考えるべきは、株式の分散防止、そして自分の望む経営承継のための遺言書作成です。または、生前の贈与を検討するべきです。

遺言状を作成するなら、前提として、会社の今後、そして家族の幸せをよく考えた上で内容を考えることが重要なのは言うまでもありません。

ただし、ここで思い出していただきたいのは、第1章で見た「渡邊商店事件」の顛末です。渡邊源太郎氏の「正しい」遺言は、自分の後継者と考えていた次男の次郎氏夫婦に保有株の67%を、三男に33%を、銀行預金などを長男に相続させるという内容でした。巻紙に、墨痕鮮やかな毛筆で自筆し、実印も押した上で弁護士に預けていたものでした。

それまでの経緯を考えれば、後を継いでほしい次男に経営権をしっかり残せるよう3分の2を、三男には残りを相続させ、事業に関わっておらず疎遠になっていた長男には株を一切相続せず、経営権にタッチさせない代わりに預金を相続させるという考え方は、非常に妥当で、よく考えた上での決定だったと推察されます。

しかし、完璧だったかに見えた源太郎氏の経営権承継には一点だけ「ぬかり」がありました。

この遺言書を、公正証書にしていなかったことです。

まさか源太郎氏も、遺言書の内容に不満を持った長男が偽の遺言書を持ち出して日付を根拠に正当性を主張するとは思っていなかったでしょうし、裁判官がその中身のおかしさを検討せず、筆跡鑑定もしないままに遺言書としての形式論だけで真正なものと認めてしまうなんて想像すらしていなかったでしょう。

一般論で言えばそのとおりです。ただ、現実はそうなってしまいました。自分自身の意思に反して経営権は長男に渡り、後を継いでほしいと考えていた次男が取り戻すまでには10年もの長い時間の精神的な耐えがたい負担と経済的に多大な負担を耐え忍ばなければならなくなったわけです。

しっかり内容を考えた遺言書を作ったら、必ず公正証書にしてください。それが、後日のトラブルや混乱を防ぐ最良の方法です。

## 穏やかで優しい「善人」が割を食う恐れも

見方を変えると、こうした考え方もできます。

オーナー経営者のあなたには守りたい家族がいたとしましょう。しかし、あなたとは違って自己主張が控えめで優しく、争いを好まない性格で、あまり経営者には向かないタイプです。そこで何とか、自分の選ぶ人生を穏やかに全うしてほしい、そのために十分な財産を残してあげたいと考えていたとします。

しかし別の家族は、金銭関係や法律的な考え方に通じていて、良くも悪くも機転が利きます。彼が、遺言書を「偽造」しないという保証はありません。巨額の資産が絡んでくると、急に変わってしまう人もいるからです。

私の見てきた限り、地味で自己主張の少ない善人タイプの相続人は、こうしたケースでは損をしやすくなります。そして、悪意を持っている人、財産を少しでも多く自分のものにしようと躍起になっている人の犠牲になりやすいのです。

こんなシーンを想像してみてください。あなたはやがて衰え、介助や介護が必要な状態になったとしましょう。ある優しい子ども夫婦が嫌な顔ひとつせず面倒を見てくれ、誠心誠意あれこれ世話を焼いてくれます。しかし別の子どもは一切顔も出さず、何も助けてくれません。ありがちな話としては、本人としては多少後ろめたさを感じていても、配偶者に止められているパターンもあります。

自分の先が長くないとようやく悟ったあなたは、自分のために尽くしてくれた子ども夫婦に少しでも有利になるような遺言を残します。しかしそれが公正証書でなかったばかりにもう1人の子どもから無効を申し立てられたり、甚だしきは偽造までされたりしまいかねないわけです。

こうなってくると、結局は「声の大きい人」「悪知恵の働く人」が得をしやすく、利害関係に疎く、関心もあまりない「善人」ほど、その割を食いやすいというのが私の見立てです。

極端な例も1つ紹介しておきましょう。3人兄弟の1人が、自分自身の子ども、つまり

「被相続人の孫」を親と養子縁組させ（つまり法的には４人兄弟になった上で）、親に全ての資産を、自分と、新たに養子にした自分の息子に相続させる内容の遺言書を書かせました。

もちろん、残りの２人の兄弟は怒り、裁判を通して遺留分侵害額請求を認めさせました。しかし法的にはあくまで孫を養子にしているため、遺留分の分け前は、６分の１ではなく８分の１にならざるを得なかった、という例があります。そこまでして、少しでも取り分を増やそうとする争いだったというわけです。

ちなみに、このケースのような養子縁組自体であっても、法的に問題はありません。目ざとさのおかげで取り分が増えたのですから、ある意味では成功したとも言えるでしょう。

遺言書の内容を自分でよく考えたら、それが確実に実行されるように、後から変えられないようにしておかなければならないのです。

遺言を考えるに当たっては、それぞれの企業、家族の事情を踏まえながらも、できるだけ株式が分散しないよう、そして後継者が、経営権を確保しやすいような形を取るべきです。

遺言なしに相続が行われると、どうしても資産は分散される方向に向かっていきます。少数株主を増やさないためにも、遺言書をしっかり考え、公正証書としておくことが大切です。

ひとたび分散した株式を集めるのは大変です。ならば、もともと分散しないよう努力し、かつ相続時点でも分散しないよう手を打っておくことがとても合理的です。

## 少数株主は突然やって来る？

もしもあなたが、二代目、三代目の経営者だとしたら、状況はもう少し複雑になっているはずです。すでに何度か相続を経ているため、積極的に株式を集約していない限り100％保有してはおらず、ある程度分散しているはずだからです。

あなた以外にも、兄弟や親族、従業員や関連企業などが少数株主として存在しているのではありませんか。果たしてあなたは、現時点で経営権を確保するのに十分な株式を確保しているとお考えでしょうか。そのとおりだと考えるなら、一体何％を持っていればとりあえず安全でしょうか。それとも、たとえ株式が分散していたとしても、それぞれの株主が自分の意に反しないと信頼しているのでしょうか。彼らが将来裏切る可能性は、本当にゼロでしょうか。

そもそも、あなた以外の少数株主がどこの誰なのか、しっかり把握しているでしょうか。

株主名簿はどうなっていますか。

もしかしたら、株を持っていると思っていた方がすでに亡くなっていて、その持ち株がさらに相続されているかもしれません。

ところで、オーナー経営者として順調に経営を続けているあなたは、取締役会を開いていますか？　法令上取締役会をどのくらいの頻度で開かなければならないか、ご存じでしょうか。議事録は残っているのでしょうか。

取締役会は、年または月あたり何回開催しなければならないという規定はなく、上場企業などの一部を除いて、設置しなくてもよいことになっています。しかし、会社法では、代表取締役や業務執行取締役は、３カ月に1回以上、職務の執行の状況を取締役会に報告する義務があります。

また、会社法は取締役会議事録の作成を義務付けており、取締役会の日から10年間は、議事録を保管しておかねばなりません。これを怠ると、取締役が民事で過料対象となり責任を負うリスクがあります。

株主総会についてはどうでしょうか。自分が会社を支配しているのだから、書類だけ作っておけば十分だ、という認識ならまだしも、実は議事録どころか、招集通知すら出していないのではないでしょうか。せいぜい、司法書士に最低限の書類を整えてもらっている程度ではないでしょうか。

自社の決算書をしっかり理解しているでしょうか。取締役会も総会も開かないどころか、決算書にさえ大した関心を示さない経営者も存在します。

それでも、誰も文句を言ってこないのであれば、そのままでいいのかもしれません。あるいは、あなた自身も何らかの経緯でどこかの企業の少数株主になっているかもしれませんが、その企業にそこまで関心を持たないケースはあるでしょう。

ところがそんなある日、株主と称する人物が突然現れて、こう言われたらどう対処されるでしょうか？


「私は株主ですが、株主総会の招集通知を受け取った記憶がありません。どうなっているのですか？」

「私には帳簿を閲覧する権利があります。直ちに総勘定元帳を見せていただけますか？」

「失礼ながら、あなたが会社の財産を私物化している複数の証拠をつかみました。会社として代表取締役のあなたを追及しないのであれば、直ちに株主代表訴訟を行います」

後でまとめますが、これらはいずれも正当な権利の主張です。あなたがいかに経営権を確保しているオーナー社長であろうと、断ることも避けることもできません。何せ株主代表訴訟は、1株からでも可能なのです。ただし、単元株制度(注)の会社の場合は、1単元が必要で、単元未満株式だと提訴権限がありません。

注：単元株制度とは一定の株式を「1単元」と定め、1単元について1議決権とするが、1単元に満たない株式には議決権を認めないという制度。

分散し始めた株式は、それぞれの株主のもとで相続を繰り返し、どんどん細分化されていきます。今挙げたドラマのワンシーンのような事件など起こり得ないと考えるかもしれませんが、中には目ざとい人もいますし、世間にはその道のプロだっているわけです。

今はまだ業務上支障がないから、あるいは面倒だからといって現状を変えようとしないことには、それなりのリスクが伴っています。

そして、時間が経てば経つほど、相続が起これば起こるほど、株式は分散し、集約は難しくなります。できるだけ早く手を打ったほうがいいのです。

## もうかっている経営者こそ責任がある

だからといって、赤字の会社、めぼしい資産のない会社をわざわざ狙い、訪ねてくる人はいないでしょう。

当然ですが、得られるものがないからです。

少数株主の存在するリスクが高くなるのは、黒字企業、あるいはすぐ処分できる資産を持っている企業となります。「うまくいっている会社」「人からうらやまれる会社」「代々裕福な一家が経営している会社」「業界や地域で名が通っている会社」だというわけです。

考えてみれば、これは家族や親族間の単純な相続でも同様です。資産もなく、借金を抱えていただけの親が亡くなったとしても、相続の手続きは難しくありません。連帯保証人になっていなければ、相続を放棄すればいいだけだからです。もちろん、親が亡くなって悲しいことには変わりなかったとしても、結論が決まっている以上、相続面からは特別な遺産争いにはなりようがありませんし、たとえ家族間に小さな争いや長年の悪い感情があったとしても、相続をきっかけに火がつくことは考えにくいと言えます。

しかし、親がひとかどの資産を残している場合は、いわゆる「争続」になってしまうことが残念ながらあります。親が優秀だった、あるいは倹約家だったばかりに、争いのもとになってしまうのは何とも皮肉な話です。もともと家族の間にあったささいな感情のほつれが、相続問題の現実化によって一挙に燃え上がってしまうこともあり得る話です。

企業も、全く同様なのです。高収益をたたき出し、資産を多数抱えている優良企業の経営者は、周囲から尊敬され、あるいは恐れられているでしょう。ご本人も自信にあふれ、高い自尊心をお持ちでしょうし、さらにそれを活かして経営に邁進しているのではないでしょうか。

少数株主のリスクが高くなるのは、そんな会社に対してなのです。

私の経験では、いわゆる「カリスマ経営者」ほど、細かい話を嫌う傾向があるように感じます。

自分の引退後、まして死後のことなど考えたこともないし、考えたほうがいいという発想すら持っていないこともあります。

そんな経営者に対しては、家族や役員など、周囲の人たちも声をかけられません。少数株主のリスクがあるからといって、あえて死後の心配などと話を持ち出そうものなら、それこそ神様のごとき「カリスマ経営者」の逆鱗《げきりん》に触れかねません。

この点では、二代目、三代目の経営者は注意深い反面、創業経営者は無頓着なケースが多い印象があります。なぜなら二代目、三代目はすでに相続を経ているため、経営権だけでなく税制の面からも何らかの経験があり、あるいは痛い目に遭っていて、家族間でも話が共有されているからです。

創業経営者には、そうした経験がないことがほとんどです。だからこそ、自分の目の黒いうちにしっかり自分の手で揺るぎない対策を打っておくことの重要さを知らないままでいます。

それでは、いつかみんなが混乱し、不幸になりかねません。

## 少数株主の権利と株主総会の3種類の決議

少数株主のリスクを詳しく考えていくことにしましょう。まず、少数株主についてもう一度説明しておきます。

株主総会では過半数の議決権株数があれば普通議案を通す議決権を持ち、経営権を確保できるため、会社を支配できることになります。つまり、50・1%以上を保有している側は、メジャー（主流派）、あるいはマジョリティ（多数派）となるわけです。こうした株主を、「支配株主」と呼んでいます。

少数株主は「支配株主」ではない株主全てです。経営権を持てていないマイナー（少数派）という立場です。

株主が２人しかおらず、ほとんど半分と言っていいはずの49・９％を保有していたとしても、もう一方は50・１％を確保しているのですから、やはり少数株主ということになります。

ただし、少数株主にももちろん権利が存在します。これを保有比率別に図にしたものが、図２－１です。

一口に少数株主と言っても、実際には１％未満の端株的な株数しか保有していない場合もあれば、３％以上保有し帳簿閲覧権を主張できる場合も、33・４％以上を保有し、定款の変更や合併、主たる事業の譲渡を決議する特別決議に関する拒否権を有する場合もあります。なぜなら、これらの決議は経営上重要であるため、より要件を厳しくしているからです。

この章の冒頭で、「過半数の株を持っていれば……」「３分の２以上の議決権で重要な意味があるような……」という話を述べましたが、それがまさに、この普通決議、特別決議、さらには特殊決議（２種類）という、株主総会の決議要件だったわけです。

株主総会における３種類の決議と必要な株数をまとめたのが、図２－２です。

図 2-1　少数株主の権利

| | | 保有要件 | 権利の内容 |
|---|---|---|---|
| 自益権 | 単独株主権 | 1株 | 剰余金配当請求権<br>残余財産分配請求権<br>株式買取請求権<br>名義書換請求権<br>株式価格の決定申立て<br>募集株式の割当てを受ける権利<br>株券発行請求権 |

| | | 保有要件 | 保有期間 | 権利の内容 |
|---|---|---|---|---|
| 共益権 | 単独株主権 | 1株 | 要件なし | 議決権<br>総会場における提案権(実質的動議に限定される)<br>株主総会決議取消訴訟提起権<br>募集株式発行差止請求権<br>定款閲覧謄写請求権(株主総会議事録、取締役会議事録、株主名簿など) |
| | | 1株 | 6カ月 | 株主代表訴訟の提起権<br>取締役・執行役の違法行為差止請求権(6カ月間の保有期間は、公開会社において要求される) |
| | 少数株主権 | 総株主の議決権の1%以上または300個以上 | 6カ月 | 議題提案権<br>議案の要領記載請求権(6カ月間の保有期間は、取締役会設置会社において要求される) |
| | | 総株主の議決権の1%以上 | 6カ月 | 総会検査役選任請求権(6カ月間の保有期間は、公開会社である取締役会設置会社において要求される) |
| | | 総株主の議決権の3%以上または発行済株式の3%以上 | 要件なし | 会計帳簿閲覧等請求権<br>業務執行に関する検査役選任請求権 |
| | | 総株主の議決権の3%以上または発行済株式の3%以上 | 6カ月 | 役員解任の訴えの提起権(6カ月間の保有期間は、公開会社において要求される) |
| | | 総株主の議決権の3%以上 | 要件なし | 役員等の責任免除に対する異議権 |
| | | 総株主の議決権の3%以上 | 6カ月 | 株主総会招集権(6カ月間の保有期間は、公開会社において要求される) |
| | | 総株主の議決権の10%以上または発行済株式の10%以上 | 要件なし | 解散請求権 |

**自益権**……配当など会社から経済的利益(剰余金)を受けられる権利。
**共益権**……会社の経営に参加できる権利。1株でも保有していれば行使できる「単独株主権」と一定数以上の株式を保有する株主のみが行使できる「少数株主権」がある。

## 図 2-2　株主総会における３種類の決議内容・決議に必要な株数

| | 決議事項 | 定足数 | 決議要件 |
|---|---|---|---|
| 普通決議 | ・役員（ただし、監査役を除く）の選任・解任・報酬の決定<br>・計算書類の承認<br>・剰余金の配当に関する事項の決定など | 議決権を行使することができる株主の議決権の過半数<br><br>※定款で定足数要件を軽減・排除することが可能 | 出席した株主の議決権の過半数 |
| 特別決議 | ・譲渡制限株式の買取<br>・特定の株主からの自己株式取得<br>・全部取得条項付種類株式の取得<br>・相続人等に対する株式売渡請求<br>・株式併合事項の決定<br>・全株式譲渡制限会社における募集株式<br>・新株予約権等の発行<br>・特に有利な払込金額等による募集株式の発行等<br>・特に有利な条件による新株予約権の発行等<br>・累積投票により選任された取締役等の解任<br>・役員等の責任の一部免除<br>・資本金の額の減少<br>・定款変更<br>・解散・会社の継続<br>・合併・株式交換・株式移転・会社分割・株式交付 | 議決権を行使することができる株主の議決権の過半数<br><br>※定款で定足数要件を３分の１以上の範囲で軽減・排除することが可能 | 出席した株主の議決権の3分の2以上 |
| 特殊決議 | (1)株式が定款変更により譲渡制限株式に、または組織再編行為により譲渡制限株式等に変わる場合<br>(2)全株式譲渡制限会社において剰余金の配当・残余財産の分配・株主総会の議決権につき株主ごとに異なる取扱いを行う旨の定款変更を行う場合 | (1)議決権を行使することができる株主の議決権の半数以上<br>(2)総株主の半数以上<br><br>※いずれも定款により定足数要件を加重することが可能 | (1)議決権を行使することができる株主の半数以上であって、当該株主の議決権の3分の2以上<br>(2)総株主の半数以上であって、その議決権の4分の3以上<br><br>※いずれも定款により決議要件を加重することが可能 |

私はすでに繰り返し、経営権はまさに持株数の議決権であり、経営権を確保するためには必要十分条件があると述べてきました。

ここまでの状況をまとめれば、その数字とは、

（1）必要条件として、最低でも過半数の50・1％以上

（2）安定条件として、できれば全体の3分の2、66・7％以上

を指します。

これが、株式を集約するひとまずの目標になるわけです。

## 過半数を確保していなければ「クーデター」に遭うリスクが

必要条件として過半数が大切になるのは、この線を守れないと、いつでもクーデターに遭い、会社を追い出されるリスクがつきまとうからです。

代表取締役である経営者がもしも過半数以上の議決権株数を確保していない場合、仮に取締役会で代表取締役解任決議を出され、自分以外の取締役の過半数の賛成によって代表権を奪われた（なお、代表取締役の解任決議には本人は参加できない）後で、挽回ができなくなる可能性があります。

取締役は株主総会で選任されます。もしも、選任した時点では自分の味方、自分の意図をくんでくれる取締役だったとしても、ある決議の時点で「信じていたのに裏切られる」可能性はゼロではありませんし、ある時点での会社やあなたを取り巻く状況によっても変化するでしょう。

しかし、取締役の選任は株主総会の普通決議ですから、解任された元代表取締役が過半数以上の議決権株式を確保していれば、自分を代表から解任する決議に賛成した取締役を株主総会で入れ替えた上で、改めて代表取締役に復帰できることになります。

しかしそうではない場合、本人の知らないところで周到にクーデターの準備が行われていると、代表取締役解任に続き、株主総会で取締役からも解任され、会社から追い出されるリスクがあるわけです。

付け加えると、こうしたケースでは退任に際して役員退職慰労金が支払われないことがほとんど（役員退職金支給は株主総会決議事項のため）ですから、文字どおりの「追放」となってしまいます。少数株主としての持株を除いては、会社名義にしていた資産も含めまさに身ぐるみ剝がされて放逐され、場合によってはその後の生活基盤すら危うくなるリスクまで存在することになるわけです。

少し古い事件になりますが、取締役会での解任と聞くと、第１章の「お家騒動」にも出てきた三越事件を思い出します。

1982（昭和57）年、当時の岡田茂社長による独裁的な経営や愛人への不正な利益供与などの不祥事が問題になっていた同社では、株主や他の取締役による周到な準備の上、取締役会で岡田氏を代表取締役社長から解任する動議を全会一致で議決しました。同社長は経営権を持っていなかったため復帰できず、その後は逮捕され、刑事被告人となりました（判決確定前に死去）。伝えられているところでは、岡田氏は解任決定後、「なぜだ！」などと声を上げて納得せず、社長室からの退出を拒否して籠城《ろうじょう》を図ろうとしたそうです。

ただ、経営権がない以上、そんなことをしても、もはや手遅れなのは言うまでもありません。犯罪行為があったこと自体は大きな問題ですが、経営権と株数の面だけで考えると、いくらカリスマ経営者として辣腕を振るい、組織に君臨してきた人物であろうと、経営権を左右できる大株主の賛同が得られなくなった時点で、大きなリスクに直面していたことになるわけです。

### 1株株主でもできる株主代表訴訟

一方で、1株でも所有している株主（議決権のない株式でもよい）には、（1）定款、（2）

株主名簿、（３）決算書類、（４）株主総会議事録、（５）取締役会議事録の、それぞれ閲覧謄写請求権があり、そして最大リスクともいえる、（６）株主代表訴訟提起権があることになります。

（２）の株主名簿には、株主の住所や所有株式数が記載されています。ある少数株主が、会社側に何らかの問題があると考えた場合、名簿を閲覧して、他の株主に株式総会での議決権に対しての賛同を呼びかける手紙を出されることも起こりえます。

また、（５）の取締役会議事録には、重要事項の決議内容が記載されているはずです。会社の機密情報を入手されるリスクがあります。

そして、もっとも大きいと言えるのが、（６）の株主代表訴訟提起権です。これは、２００６年に施行された新会社法第８４７条において、企業の経営者である取締役などによる違法行為や定款違反、経営判断の誤りによって企業に損害が生じた場合、企業が該当の取締役などの責任を追及しない場合は、株主が代わりに違法行為を起こした役員の責任を追及できる、と定められているものです。

具体的にどのような行為を行うと、会社に損害を与えたとして責任を追及されるのでしょうか。

取締役などの役員は、株主（株主総会）から経営を任されている立場です。役員は会社法によって、次の5つの義務を負っています。

・**忠実義務**〈会社のために、法令や定款に違反することがないようにする義務、株主総会の決議を守る義務、忠実に職務を行う義務。会社との間に利害関係があっても自己の利益を優先させない〉

・**競業避止義務**〈取締役が「会社の事業に属する取引」を行うには株主総会〈取締役設置会社では取締役会〉の事前の承認が必要〉

・**善管注意義務**：〈「善良なる管理者の注意義務」、その人の立場等から考えて良識と高度の注意をもって業務に当たる〉

・**利益相反取引の制限**〈自己・第三者のために会社と取引をする場合は会社の承認を受けなければならない〉

・**監視・監督義務**〈代表権の有無にかかわらず、他の取締役の業務執行を全面的に監視・監督する権限・義務〉

もしもこれらの義務を果たさず、会社に金銭面や信用面などで損害を与えた場合、言い換えるなら株主がそうだと訴えた場合は、株主代表訴訟で責任を問われる可能性があるわけです。

さらに役員は、５つの義務以外にも一般的な不法行為や、金融商品取引法に規定されている責任についても負うことになります。例えば、

・粉飾決算で損害を受けた株主
・代金を支払えなくなった取引先
・ハラスメント被害者

……といった人たちも、株主であるかどうかにかかわらず、役員を相手に訴えを起こせるわけです。

株主代表訴訟の最大の特徴は、繰り返しになりますが何といってもまず、

（1）１株株主（議決権がない株でも可）でも提起可能

ですが、さらに加えると、

（2）訴訟費用は訴額に関係なく一律1万3000円だけで提起可能……一般の損害賠償訴訟では、訴額に応じて訴訟費用が高額になるのとは違い、原告側の費用負担が少なくて済む決まり。なお通常の損害賠償請求事件では、請求額1000万円の場合の手数料額は5万円、同1億円の場合は32万円、同1000億円だとすると約1億1300万円にもなる

（3）訴訟費用の最大の経費である弁護士費用は、株主側が勝訴すれば、株主側が負担した費用と弁護士報酬を会社に請求できる点にあります。

株主代表訴訟が一般的にどのようなスキームになっているのかを示したのが、図2－3です。

会社は、株主から閲覧を請求されれば、貸借対照表や損益計算書などの計算書類や株主総会議事録、定款は無条件で、その他条件に応じて、株主名簿、会計帳簿（3％以上の株主）、取締役会議事録、子会社の書類なども開示しなければなりません。株主代表訴訟のために

## 図 2-3　株主代表訴訟のスキーム図

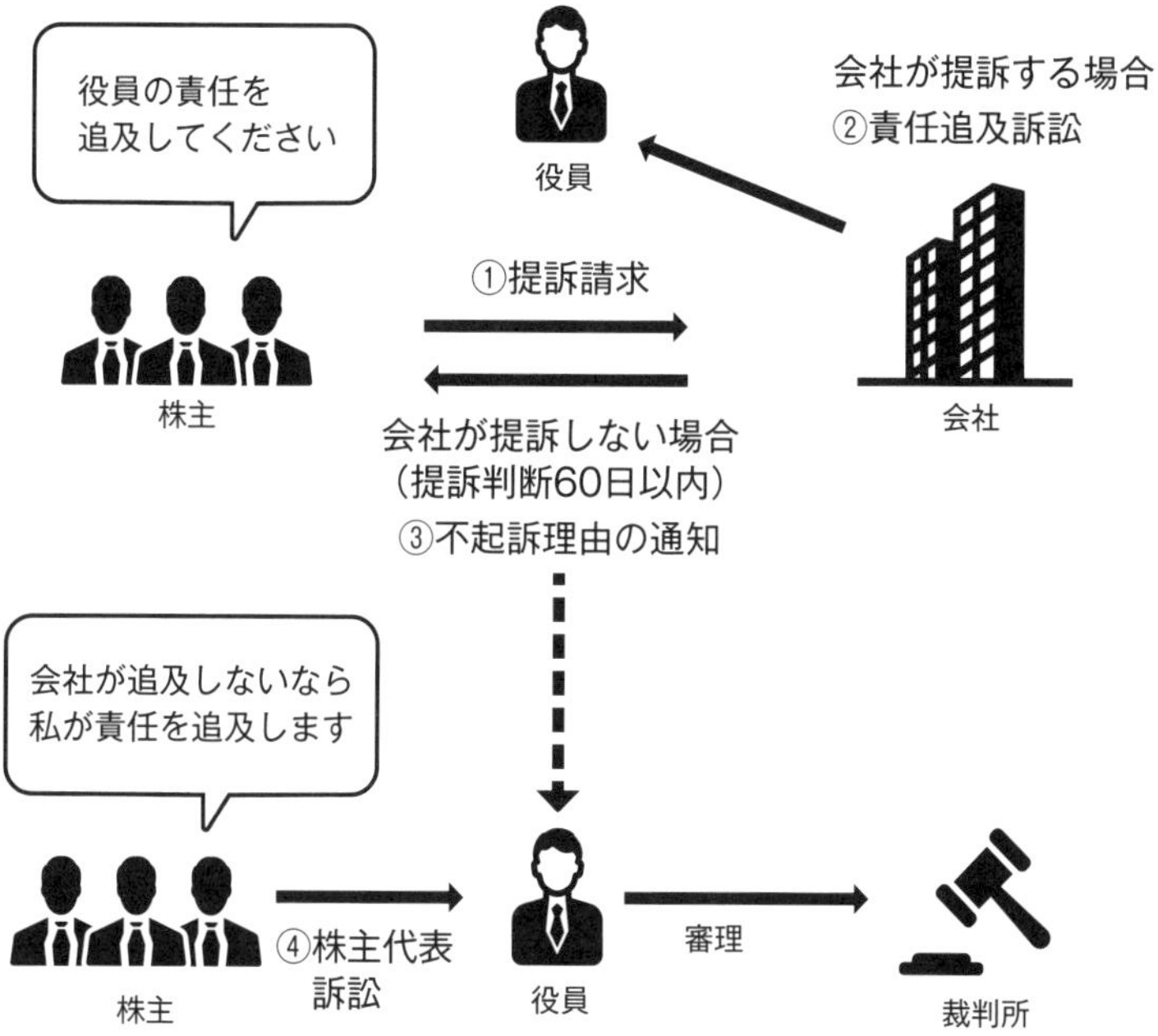

必要な場合や、会社の不正行為、違法行為などの確認といった目的の場合は、開示を拒否できません。

これらを元に、訴訟を提起したい株主はまず、会社に対して役員の責任を追及する訴訟を行うように請求します。なぜなら前述のとおり、まずは会社が該当の取締役などの責任を追及することが原則で、請求したにもかかわらずしなかった場合は、株主代表訴訟で代わりに責任を追及することが原則だからです。

会社が60日以内に提訴しない場合、あるいは提訴しないと回答した場合、株主代表訴訟を提起できるようになります。

## 株主代表訴訟で役員が全てを失うことも

株主代表訴訟と聞くと、役員が最終的にほぼ「全ての財産・地位・名誉等」を失った事例として、「ダスキン肉まん事件」が思い出されます。

２０００年、同社傘下の「ミスタードーナツ」において販売していた肉まんに、国内では無認可の食品添加物（ＴＢＨＱ）を使っていた事実を知りながら、当時の担当役員は公表せず、その上取引業者に口止め料６３００万円を払うなどの隠蔽《いんぺい》工作まで行い、

2002年5月まで事実を伏せていました。

明るみに出た後は大きな反響を呼び、フランチャイズ店への補償などによって、ダスキンは合計105億9100万円もの損害を負いました。

結局、株主代表訴訟において、2007年1月18日、大阪高等裁判所は、首謀した取締役2名に対して、合計53億4350万円の支払いを命じる判決を下しました。この額は、会社の被害額の半分に、口止め料として支払った金額を足したものです。

さらに、同年6月9日、同裁判所は、隠蔽に直接加担した役員以外に対しても、積極的な損害回避の方策の検討を怠ったとして責任を認めました。

そして、事件当時の代表取締役専務（判決時の社長）、事件当時の社長、その他の取締役・監査役にも、それぞれ2億1122万円～5億2805万円の支払いを命じる判決が下されました。さらに、弁護士費用の相当額として、裁判所は約8000万円を認定しました。最高裁でも争われましたが、翌年上告は棄却されました。

ダスキンのような大企業の役員であっても、さすがに億を超える損害賠償を個人の資産で支払うのは困難で、このうち何名かの役員は自己破産し、自宅が競売にかけられるなどの憂き目に遭っています。

このほかにも、過去の大企業の代表的事例では、大和銀行事件、蛇の目ミシン事件、オリンパス粉飾決算事件などが知られています。東京電力では第1審で13兆円を超える巨額の損害賠償金の支払いを命じる判決が下されています。

## 経営者として触れられたくない事情はないのか

ダスキン事件は、結果的に見れば違法行為やその隠蔽工作であって、役員は責任を免れるものではありません。

ただ、当時の担当役員の状況を想像すれば、会社に大損をさせるくらいなら自ら泥をかぶって在庫を売りさばき、問題の発覚を防ごうと考えていたのかもしれません。ＴＢＨＱというこの食品添加物は、米国や中国などでは使用されていて、人体に対する安全性も確認されていたからです。

しかし、最終的にはそのために地位を追われ、個人としてもとても支払いきれない損害賠償を抱えることになりました。ひと言で言ってしまえば、株主代表訴訟で人生のほぼ全てをなくしてしまったわけです。

株主代表訴訟は1株でも提起できます。たった1株でもできると考えるか、しょせん1株程度の少数株主を恐れてどうするのかと考えるかは見解が分かれるかもしれません。そもそも不正をせずに業務に当たればいいだけではないかと考える方もいるでしょう。

しかし、私の経験上、ダスキンのような大企業よりも、中小企業、それもオーナー経営のほうが、圧倒的に株主代表訴訟を提起され、敗訴しかねない事例が多い印象があります。要するに、発覚しやすいか否かの問題なのではないかということです。

確かに、小さな同族企業に対してわざわざ株主になって株主代表訴訟を起こす手間をかける人がいるのかと言われれば、一般論としては多くないとお答えすることは可能でしょう。

ただ、私の見てきた限り、少なくない同族企業では、取締役が会社法上の義務をしっかり果たしているか、微妙なケースもあると感じます。家内企業、家族経営から発展した企業では、会社とプライベートが必ずしもきれいに分離されていないこともあれば、もともとあまり気を遣っていないこともあるからです。

簡単に言えば、「たたけばホコリの1つや2つは確実に出るが、今までたたかれたことがないだけ」の状況になっている会社が決して少なくないわけです。

もしもあなたの会社が、あるいはあなた自身が地域や業界ではすでに名の知られた企業、有名経営者で、「もうかっているだろう」とか、「羽振りがいい」などという印象を周囲に持たれていたとしたら、どんなリスクがあるでしょうか？

いつの間にか少数株主が現れ、あるいは話を聞きつけたその道のプロが少数株主から1株を譲り受けて、突然開示請求を行ってくるかもしれないのです。

一切の公私混同をせず、どこにも不安がないと言い切れるでしょうか。開示できるだけの資料が常にそろっているのでしょうか。そうこうしているうちに会社の資産を自分のもののように使っていたと認定されて、万が一、巨額の損害賠償金の支払い義務が降りかかってくるかもしれません。

無論、会社法に則って正しい経営を行うことは大前提です。一方で、株式を集約し、少数株主を少しでも減らしておくことには、このようなリスクを減らす意味があるわけです。

## 安定した経営権の確保のためには株を集めるしかない

結局は、オーナー経営者が安定した経営権を確保したいのであれば、株式を集約するしかありません。

私も過去の著作の中でそう述べてきましたし、他の識者、実務家に当たってみても、おそらくはほとんど同じ見解でしょう。上場会社でない以上、あるいは上場する予定がない以上、株の分散にはメリットはなく、リスクしかありません。

問題は、どうやって集約するかですが、これは確かに難しい問題です。株主側の事情や都合もまた、さまざまだからです。

株式が分散していくのは当然の流れですが、オーナー経営者側の考えとは違い、意図せずに少数株式となって当惑する人たちも存在します。

たとえば､人間的なつながりの中で創業時に出資を引き受けてもらい株主になった人が､その後は関係が薄くなっていく中で亡くなった場合､遺族は､相続税を計算する段階になって初めて、資産リストの中に、よく知らない会社の株が存在する事実を知ることになります。

その株式が、赤字会社、今後の見込みのない会社なら大きな問題にはならないでしょう。しかし、収益力の高い非上場企業の場合、思いのほか相続上の評価額が高く、かえって相続税のハードルを上げてしまうやっかいな存在にもなりかねません。その上、持っていたとしても経営に参加できるわけでも、高額の配当が得られる見込みもないわけです。

こうした場合は、しかるべき価格で売却し、現金化したいと考えるのが自然でしょう。

一方で、できるだけ株式を集約したいオーナー経営者側も、その時々で思惑は変わります。

たとえば、オーナー経営者のあなたが自分で保有しているのは、実は全体の49％だったとしましょう。ここまで本書をお読みいただいたなら、どうにかして、少なくともあと1・1%分を確保したいと考えるでしょう。これなら、代表取締役を解任されるリスクがなくなり、十分とまでは言えないまでも必要な経営権は確保できるからです。

そこに、とある少数株主の家庭で先ほどのような相続の話が発生したという話を聞きつけたら、どうでしょうか。渡りに船で、ある程度の金額を払ってでも、この機会にぜひ買い取りたいと思うのが自然でしょう。

別のケースも考えてみましょう。うまく株式を集約でき、あなたはすでに全体の3分の2超の確保に成功しているとします。

そこで、同じような株式買い取りの話が持ち込まれたとしても、そこまで高い金額を出す必要はないことになります。株主代表訴訟などのリスクを考えれば、買いたければ買ってもいいのですが、当面絶対に必要というわけでもないからです。そこで、かなり低い額を提示するか、それで折り合わないなら「そのままお持ちになられたらいかがですか?」と言って、断ってもいいわけです。言うまでもありませんが、発行会社には株式を買い取る義務はないからです。

実際は各企業や、その場の状況や当事者の思惑によって複雑なパターンが考えられ、まったくもってケース・バイ・ケースです。

上場企業のように客観的な取引価格が存在しない非上場株は、このように、その場その場での双方の都合によって売買価格が決まることが原則となります。非上場株式の価格、価値をどう捉えるかは、第3章でも解説します。

## 後継者がいなくても株式集約でM&Aの道が開く

買い手であるあなたが有利なら、需要と供給の原則に従い、ある意味「買い叩き」をしても構わないのですが、私はそれでも、株主が納得する株価で株式をできるだけ集約することをおすすめしています。

まず、先ほどの例のように、たまたま何らかの理由で出資し、株を持っていた親族などから相続して取得した株主は、人間的な関係も、愛着も持っていません。当然会社の経営にも関心がなく、議決権行使もしない消極的な存在ですが、むしろそのために、安易に危険な人物に株を譲渡しかねないリスクも考えられるからです。

もう1つは、より積極的な理由です。経営権をしっかり確保できていると、たとえ適切な後継者が見つからない状況でも、M&Aによって株式を売却できる可能性が高まります。

たとえば、すでに子息はそれぞれの道を歩いていて後を継いでくれそうにないケース、子息にその適性や能力がないと判断したケース、血縁のない従業員に引き継ぎたくても従業員側に十分な買い取り資金がないケースでは、誰もたすきを渡す相手がいない状況になりかねません。

事業自体は順調なのですから、そのままではあなたが無理して経営を続けるしかなくなってしまいます。そこで突然健康を害すれば、従業員も家族も混乱するしかありません。

そこで検討すべきなのが、M&A仲介企業を通した、自社株・経営権の売却、現金化です。現金化ができれば、ある意味ではオーナー経営者の退職金となり、引退後の生活資金として活用できたり、現金資産として相続しやすくできたりするといったメリットがあります。

近年は中小企業であっても、適切な評価をしてくれるM&A仲介の専門企業が急成長しつつあります。いわゆる「スモールM&A」「マイクロM&A」市場の充実です。世間には反対に、利益の出る中小企業を買い取りたい個人の脱サラニーズなども存在しているわけです。

ただしM&Aの対象になるのは、あくまで優秀な企業、かつ現オーナーが経営権をしっかり確保している、つまり「買いやすい」企業だけです。

それもできることなら、可能な限り100%に近い株式が確保されていると理想的です。

どんなに収益力が高く、技術や資産が魅力的な企業でも、経営権が確保されていない企業には手が出ません。裏を返せば、M&A仲介企業自体には、魅力的な中小企業を見つける能力はあっても、その経営権を自ら集めるノウハウも、リソースもないからです。

この点は、売りたい経営者がなんとか自力で集約するしかないわけです。

もっとも、会社の内容がいいほど、少数株主から自分が買い取った価格よりも、自分がM&Aで売却する際の評価が高くなり、売却益が残りやすくなるメリットもあります。

オーナーのいわゆるハッピーリタイアメントと、従業員の雇用や取引先のニーズを満たす事業継続を実現できるM&Aは、新しい形での株式集約のメリットとなりつつあります。

また、株式譲渡益は約20%なので税金面でも有利です。

## 論理だけでは割り切れない株式集約

少なくとも過半数以上、できれば3分の2以上の株式を集約し、確保した経営権を譲渡や遺言でしっかり渡していくことが、オーナー経営者の大切な仕事であることは、ご理解いただけたのではないかと思います。

一方で、必要な議決権株数を集めること自体は簡単ではありません。いったん分散してしまった以上、アプローチから取引に至るまでは、想像以上に手間と時間のかかる、地味な作業になることがほとんどです。

ある程度規模がある企業であれば、社内に専門の担当者を置いて、時間をかけて取り組むことも可能かもしれません。しかし、多くの中小企業にはそのような人手の余裕はないでしょう。

本書をお読みいただき、現時点では特別に経営的な、あるいは株主間、親族間の問題がないケースならまだしも、すでに何らかの問題が発生してしまっているケースもあります。もっとも、私のところに相談が持ち込まれるのは、残念ながら、すでに問題が起きてからの場合が多いというのが実感です。

ひとたびお家騒動になったら、うわさは思ったよりも早く広がってしまいます。内輪の親戚や従業員だけならまだしも、金融機関や取引先に知られれば厄介ですし、地域の招かれざる人たちに聞かれていいことなど何もありません。

こうしたとき、まず頼りたくなるのは、弁護士や会計士などの士業なのかもしれません。普段から付き合いがあるかもしれませんし、株式や経営権はあくまで法律や税務の問題に行き着くからです。

反面、私のような、分散株式の集約を1つの専門分野としている経営コンサルタントは、まだまだよく知られていない存在です。

一方で、私の知る限りでは、たとえば一般的な弁護士や公認会計士、税理士などに、この種の株式集約に関するノウハウのある先生方は少数派と思います。

なぜなら、それは弁護士や会計士、税理士のノーマルな仕事ではないからです。弁護士は、ある意味では法的な世界での「ケンカの代理人」です。渡邊商店事件のように法的な争いにならざるを得なければ、当然優秀な弁護士に依頼して勝利を目指すべきです。

しかし、本来であればそれ以前に全て解決できていた問題でもあります。事実、この手の相続問題、あるいは税務上の問題は、はっきりした結論よりも和解や修正申告へと誘導されることがほとんどです。多忙な裁判官や税務当局としては、あれこれ当事者の意見を全て聞き取り、長い時間をかけて結論を出すよりも、結局は当事者同士でよく話し合って丸く収めてもらうほうがメリットがあるからです。

ならば、最初から当事者同士が互いの事情を出し合った上で、丸く収めることを目指したほうがよいのではないでしょうか。

私自身は、ケンカをすすめるのではなく、自分でも経験のあるオーナー経営者の立場に立ちながら、ご家族、さまざまな事情を持つ少数株主、そして従業員などのステークホルダー全てが、できるだけ互いの納得度を高められる道を探るためのコンサルタント、コーディネーターだと自負しています。

1000社以上もの企業を見てきた上での結論は、本当にどの企業にもさまざまな事情があり、そこに関わる人たち一人一人に大切な感情があるということです。

弁護士や公認会計士、税理士であれば、まずは法的にどうなのか、会計的、税法的にどうなのかからアプローチします。当然だと思います。彼らはカウンセラーではないからです。

ただ、経営権の集約や相続の現場では、法律や金銭面だけで割り切れない場合がほとんどです。結局は人と人の問題になります。感情と感情のぶつかり合い、プライドを取るか実利を取るか、企業や事業に対する愛情の温度差……本当に千差万別で、入ってみなければ、どこがポイントなのかが分かりません。

結果、話し合わなければ何も先に進まない当事者同士が、もはや顔を合わせたくない状況になってしまっていることもあります。もうカネの問題じゃない、あいつをつぶしてやりたい……こんな事態になってしまうと、もはや容易にまとめる方法はありません。

こんな時に必要なのは、豊富な経験を持つコンサルタントの経験であり、共感する力だと考えています。

全ての人たちが、完璧ではなくてもできるだけ幸せになれるにはどうすればいいか、人の和を保つためには何から解決するべきなのかを考える必要があります。その上で、高く買い取ってほしい側と安く買い取りたい側の協議を始めることが大切です。問題は、単なる価格ではないケースがほとんどなのです。

非上場株式である以上、上場株式のようなマーケットでの価格決定方法は当然ありません。そこで話し合いの入り方を間違えば、全てが崩壊しかねません。反対に、さまざまな経営指標や評価額の算出法（第３章で解説）をもとに、冷静にしっかり話し合えたという実感を互いに醸成できれば、どこかに落としどころが見つかるということでもあります。

できるだけ納得度を高めた上で話をまとめるノウハウは、弁護士や公認会計士にはない、オーナー社長歴45年の経験と知見のある私の競争力です。

さらに、経営権を確保した上でそれを確固としたものにするノウハウもあります。これも本来は会社法の分野で、最終的には弁護士の領分ですが、いったん集めた株式、経営権を分散しにくくするノウハウも存在します。会社法の仕組みに通じている弁護士はいますが、中小オーナー企業を専門に扱っている弁護士はほとんどいないのではないでしょうか。

たとえば定款では、取締役になった人のみ保有株の議決権を10倍にできる決まりを定款に書き込むことで経営権を強固にする方法がありますが、これが登記簿謄本には掲載されません。（注）このような事情を詳しくご存じの弁護士は、比較的少ないと感じます。弁護士や公認会計士、税理士は、それぞれにその資格でしかできないことがあります。私にはもちろんできません。

注：たとえば取締役だけに議決権を10倍にする株式を「属人的株式」と言う。属人的株式を導入する場合は定款で定める必要があり、株主総会での承認が必要になる。通常の定款変更であれば株主総会の特別決議（議決権の3分の2以上）で済むが、属人的株式導入の定款変更には、特殊決議（議決権の4分の3以上）が必要となる。

一方で、多くのオーナー経営者は、分散株式を集約する際に、弁護士や公認会計士、税理士に何をしてもらえばいいのかが分かりませんし、そうした細かいニーズに対して、弁護士や公認会計士、税理士の先生方も何をすればいいのか分からないのです。むしろ、レアケースを担当することになった弁護士や税理士の先生方から、当社に相談が持ち込まれるケースもあるくらいです。

私を通じて相談していただくことで、それぞれのオーナー経営者が直面している問題に対してオーダーメード型の解決策を提案し、そこに弁護士や公認会計士、税理士の先生方の力をどう発揮してもらえばいいのか、ご提案ができるはずです。

# 第3章

# 株式価値は どう計算するか？

## 経営権＝株式の譲渡には「相続」と「贈与」があるが……

経営権を確保するための株式の集約、さらに集約した株式を意中の後継者に手渡し、安定した経営権を承継するには、必ず何らかの形で、「株式の譲渡」が伴うことになります。

譲渡には、その時点での株式の価値がいくらなのかが、必ず問題になります。しかし、自社株式の現時点における価値を正確に答えられるオーナー経営者は、恐らくいないのではないでしょうか。

上場企業の株式の時価がいくらなのかは、誰でもすぐに把握できます。自社の株式が証券取引所で毎日取引されているからです。一方、株式を公開していない非上場会社の株式には取引市場がないから、すぐには把握できません。

ところで、株式の譲渡における代表的な方法は、遺言書のあるなしにかかわらず死後に起きる「相続」、そして生前に与える「贈与」に分かれます。

いずれにせよ、受け継いだ側にも経営権が確保されていることが重要ですが、実は「贈与」と「相続」で、税率は違ってくるのです。

なぜなら、贈与では贈与税、つまり贈与する側と贈与される側の間の取引で、贈与される側に課税される税金が問題になるのに対し、相続で発生する相続税は、いわば相続を受けた側と国とのルールであり、税としての考え方、あり方が根本的に異なるからです。

一般に、非上場株の譲渡というと、プロである税理士は直感的に相続税のことを想起しがちで、決まりや計算方法にも慣れています。しかし、贈与税の場合には当てはまりませんし、扱うケースも少ないようです。甚だしいのは、税理士でさえも、時々両方のルールを混同している場合さえあることです。当事者であるあなたも、任せきりにせず、よく税制を理解し、自社や家族などの状況を勘案して、どのようにすれば有利なのかを戦略的に考える必要があります。

全て生前に贈与するのか、全て遺言書を残して相続にするのか、あるいはその中間なのか。これもまた、個々の事情によってさまざまなケースがあり、パターンは一様ではありません。

そして、原則としてこの章で述べていく自社株の評価が高ければ高いほど、つまり会社としての評価が高いほど、株価の評価も高くなり、どうしても納めなければいけない税額は高くなってしまいます。

特に急死などで突然相続が発生した場合、自社株の評価が高すぎる状況で（もちろん優秀な会社だからですが）、相続人の負担が非常に重くなってしまうケースも見受けられます。この点を考えると、後で述べるとおり、あらかじめ株式の価値が低くなる対策を講じた上で、適切なタイミングで贈与を考えることが重要なポイントになってきます。

ただ、事情はさまざまです。すでに後継の経営者が決まっているケースでも、譲る側ができれば早く引退したい場合もあれば、当面は経営権を渡さずに様子を見たいことも、あるいはしばらくは経営権を半々にして二人三脚とし、残りは後から考えるか、相続で対応するということも考えられます。

相続税で急に大きな負担をかけるくらいなら、贈与しておきたいというのは一般的な考え方ですが、できるだけ贈与税の負担を少なくするためには、どのくらいのペースで贈与すべきなのかもいろいろな計画の余地があります。

ただ、いずれにしてもまずは「自社株が非上場株式としてどのくらいの価値を持っているのか」を把握しなければ始まりません。「相続」「贈与」いずれの場合でも当てはまる、非上場株式の価値をどう計算するかを知っておくべきなのです。特に、高収益、高資産価値の企業ほど重要です。

また、経営権の承継とは直接関係ありませんが、株式価値の算出は、分散していた自社株集約のための買い取り（この場合はもちろん贈与でも相続でもなく「非上場株の売買」となる）をする際、どのくらいの値段を付けるべきなのかの基準、参考にもできます。

そこで、この章では、

1　相続税・贈与税申告時の株価計算方法
2　売買における株価計算方法

について、それぞれ述べていきます。

ただし、税法は頻繁に改正されます。本書で述べるのは、あくまで本書出版当時のものです。私もできるだけ考え方の基礎、概要をわかりやすく述べるようにします。実際にあなた自身のケースにあてはめて考える際は、本書を参考にするだけでなく、必ずその時点の法令を確認した上で会計士や税理士と相談されることをおすすめします。

## 1　相続税・贈与税申告時の株価計算方法

### 相続税・贈与税申告時の株価計算方法、４ステップ

相続税を申告する際、「取引相場のない株式」については、国税庁が定めた「財産評価

基本通達」において評価方法が定められています。

同族会社の事業承継においては、この通達により算出された評価額を用いることがほとんどです。

そこで、ここでは財産評価基本通達における自社株評価のポイントを解説します。

「取引相場のない株式」の評価においては、同じ会社であっても、株価は1つではありません。

譲受者が経営者の親族グループなのか、それ以外の株主なのかによって算出される株価は違ってきます。なぜなら、経営者の親族グループとそれ以外の株主では、株式を所有する目的も異なるからです。

経営者グループはその会社を支配し、経営権を握るために株式を所有します。一方、経営者グループ以外の株主は、株式を持っていても経営権はありません。したがって、株式を所有する主な目的は、もっぱら配当をもらうためということになります。目的が違うのですから株価も違って当然なのです。

財産評価基本通達では、経営者グループにとっての評価方式を「原則的評価方式」、それ以外の株主にとっての評価方式を「特例的評価方式」といいます。当然ですが、経営者個人が所有する株式は原則的評価方式で算定されます。

したがって、事業承継の場面において問題となる株価は、ほとんどが原則的評価方式による株価ということになります。

原則的評価方式によって株価を算定する場合は、性質の異なる2つの株価を用います。

1つを「類似業種比準価額」、もう1つを「純資産価額」といいます。

「類似業種比準価額」とは、その名のとおり「類似」する「業種」と「比準」した（比べた）株価です。つまり、ここで比べる相手（「標本会社」といいます）とは、同じような業種の上場企業です。詳しくは《ステップ3》で解説します。

一方、「純資産価額」とは、いわゆる「時価純資産価額」による株価です。すなわち評価する会社の資産を時価評価し、そこから負債を引いて算出した「時価純資産価額」をベースとして算出します。簡単に言い直すと、現時点で会社を解散するとした場合、いくら残るかを考えるわけです。こちらは《ステップ4》をご覧ください。

原則的評価方式では、これらの性質の違う2つの株価を併用して、評価額を算出します。いわばこれら2つの株価をブレンドするのです。

ブレンドの割合は、会社の規模によって決められており、どちらかの評価方式のみ100％という場合もあります。

ちょうどコーヒーとミルクでカフェオレをつくるときのように、会社の規模によってコーヒーとミルクの割合を変えていくわけです。
割合はどう決まるのか、以下、ステップを追って解説します。

**《ステップ1》**　会社規模を判定する

財産評価基本通達では、会社の規模を大会社・中会社・小会社の3つに区分しています。そしてこの3つの区分は、総資産価額、従業員数、取引金額を判定要素として次のように決定されます。

（A）従業員数が70人以上の会社……大会社
（B）従業員数が70人未満の会社……《図3－1》に基づいて判定

**【評価方法】**

図3－1の内容を詳しく見ていきましょう。
まず、評価する会社を卸売業、小売・サービス業、その他に分類し、分類に応じた総資産価額（図中の②）による区分と、従業員数（図中の③）による区分とのいずれか下位の

## 図 3-1　会社規模の判定

### ①総資産価額および従業員数による区分

| ②総資産価額 | | | ③従業員数 | 会社規模 |
|---|---|---|---|---|
| 卸売業 | 小売・サービス業 | 卸売業、小売・サービス業以外 | | |
| 20億円以上 | 15億円以上 | 15億円以上 | 70人以上 | 大会社 |
| 20億円未満<br>4億円以上 | 15億円未満<br>5億円以上 | 15億円未満<br>5億円以上 | 70人未満<br>35人超 | 中会社の大 |
| 4億円未満<br>2億円以上 | 5億円未満<br>2.5億円以上 | 5億円未満<br>2.5億円以上 | 35人以下<br>20人超 | 中会社の中 |
| 2億円未満<br>7000万円以上 | 2.5億円未満<br>4000万円以上 | 2.5億円未満<br>5000万円以上 | 20人以下<br>5人超 | 中会社の小 |
| 7000万円未満 | 4000万円未満 | 5000万円未満 | 5人以下 | 小会社 |

### ④取引金額に応ずる区分

| 取引全額 | | | 会社規模 |
|---|---|---|---|
| 卸売業 | 小売・サービス業 | 卸売業、小売・サービス業以外 | |
| 30億円以上 | 20億円以上 | 15億円以上 | 大会社 |
| 30億円未満<br>7億円以上 | 20億円未満<br>5億円以上 | 15億円未満<br>4億円以上 | 中会社の大 |
| 7億円未満<br>3.5億円以上 | 5億円未満<br>2.5億円以上 | 4億円未満<br>2億円以上 | 中会社の中 |
| 3.5億円未満<br>2億円以上 | 2.5億円未満<br>6000万円以上 | 2億円未満<br>8000万円以上 | 中会社の小 |
| 2億円未満 | 6000万円未満 | 8000万円未満 | 小会社 |

区分を判定します。

そして、その判定した区分と、その会社の取引金額（図中の④）による区分とのいずれか上位の区分により会社の規模を判定します。

この判定により、会社の規模は「大会社」「中会社」「小会社」のいずれかに分類され、中会社はさらに「中会社の大」「中会社の中」「中会社の小」に区分されることになります。

## 《ステップ2》 会社規模ごとの評価方法

会社規模が判定できたら、それぞれの会社規模ごとの「ブレンド割合」を見ていきましょう。会社規模に応じ、以下のように類似業種比準価額と純資産価額のブレンド割合が決められています。

これらを図にまとめると、図3－2のようになります。

### （A）大会社

類似業種比準価額100％
ただし、計算結果が純資産価額よりも大きい場合は純資産価額100％

## 図3-2　会社規模ごとの原則的評価方法（特定会社に該当しない場合）

| 会社規模 | | 併用方式 |
|---|---|---|
| 大会社 | | 類似業種比準価額100％ |
| 中会社 | 大 | 類似業種比準価額×90％<br>＋<br>純資産価額×10％ |
| | 中 | 類似業種比準価額×75％<br>＋<br>純資産価額×25％ |
| | 小 | 類似業種比準価額×60％<br>＋<br>純資産価額×40％ |
| 小会社 | | 類似業種比準価額×50％<br>＋<br>純資産価額×50％ |

併用方式 ⟷（いずれか低い方）⟷ 純資産価額方式

純資産価額方式より併用方式が低くなる傾向がある

### ■特定会社の判定

**特定会社に該当する場合は純資産価額方式で評価する**

| | 判定基準 |
|---|---|
| 株式等保有特定会社 | ・総資産額（注）に占める株式等の割合50％以上 |
| 土地保有特定会社 | ・総資産額（注）に占める土地等の割合を会社規模別に判定<br>・大会社＝70％以上、中会社＝90％以上、小会社＝業種と総資産価額の規模により、90％以上または70％以上 |
| その他 | 開業後3年未満の会社、直前期末の3要素（配当・利益・純資産）がゼロの会社、開業前または休業中の会社、清算中の会社 |

（注）帳簿価額ではなく、相続税評価額により割合を算定する。

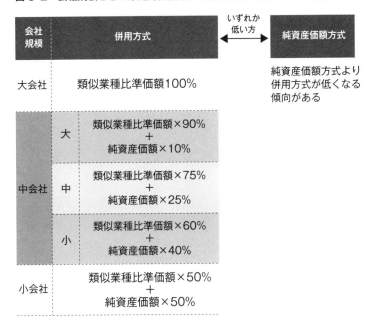

(B) 中会社の大

類似業種比準価額×90%+純資産価額×10%

ただし、計算結果が純資産価額よりも大きい場合は純資産価額100%

(C) 中会社の中

類似業種比準価額×75%+純資産価額×25%

ただし、計算結果が純資産価額よりも大きい場合は純資産価額100%

(D) 中会社の小

類似業種比準価額×60%+純資産価額×40%

ただし、計算結果が純資産価額よりも大きい場合は純資産価額100%

(E) 小会社

類似業種比準価額×50%+純資産価額×50%

ただし、計算結果が純資産価額よりも大きい場合は純資産価額100%

一見してお分かりのとおり、会社の規模が大きくなればなるほど、類似業種比準価額の割合も大きくなります。これは、上場企業に匹敵するような規模の大きな会社は、上場企業と比べていくらなのかという評価方法に比重を置いて算出すべきだという考え方によるものです。

また、会社の規模が小さくなればなるほど、純資産価額の割合が大きくなります。これは、個人事業主と規模が変わらないような小さな会社は、個人の相続税を計算する場合と同じように、資産から負債を差し引いて評価すべきという考え方によるものです。

そして大会社と小会社の中間である中会社は、その両方の考え方を取り入れ、類似業種比準価額と純資産価額をブレンドして評価することになります。

では次に、類似業種比準価額と純資産価額について、それぞれどのような算定方法なのかを見ていきましょう。

## 《ステップ３》　類似業種比準価額の算定方法

類似業種比準価額は、１株当たりの配当金額、年利益金額および簿価純資産価額を比準要素として、図3－3の上側の計算式で算定します。

少し複雑ですので、考え方を簡単に示すと、同じく図3－3の下側の式のようになります。

つまり、評価する会社（自社）の、類似会社（上場会社）に対する配当金額、利益金額、簿価純資産価額の割合を加重平均して、その割合（比準割合）を類似会社の株価に乗じて算出します。

ここでポイントになるのが、比準割合の算式のうち、利益金額に着目することです。この利益金額は、企業会計上の利益ではなく法人税法上の「課税所得金額」をベースとする点に注意が必要です。そして「課税所得金額」から次の要素を加減して、利益金額となります。

（1）非経常的な利益（固定資産売却益等）を控除
（2）益金に算入されなかった剰余金の配当（受取配当金益金不算入金額）を加算
（3）配当に係わる所得税を控除
（4）損金の額に算入した繰越欠損金控除額を加算

**図3-3　類似業種比準価額の算定**

$$A\times \frac{\frac{\text{Ⓑ}}{B}+\frac{\text{Ⓒ}}{C}+\frac{\text{Ⓓ}}{D}}{3} \times \text{斟酌率} \times \frac{\text{1株当たりの資本金額}}{\text{50円}}$$

A 類似業種の株価

Ⓑ 評価会社の1株当たりの配当金額

B 課税時期の属する年の類似業種の1株当たりの配当金額

Ⓒ 評価会社の1株当たりの利益金額

C 課税時期の属する年の類似業種の1株当たりの年利益金額

Ⓓ 評価会社の1株当たりの純資産価額
（帳簿価額によって計算した金額）

D 課税時期の属する年の類似業種の1株当たりの純資産価額
（帳簿価額によって計算した金額）

斟酌率：大会社0.7、中会社0.6、小会社0.5

↓

$$\text{上場会社の株価}\times \frac{\frac{\text{自社の配当}}{\text{類似の配当}}+\frac{\text{自社の利益}}{\text{類似の利益}}+\frac{\text{自社の純資産}}{\text{類似の純資産}}}{3}$$

### 《ステップ4》　純資産価額の算定

純資産価額は、会社が所有する資産を時価で評価し、その金額から負債の金額および時価評価した際の含み益に対する税金を引いた金額をベースに算出します。具体的には図3－4の上側の算式により算出します。なお、ここで資産を評価する場合の「時価」とは財産評価基本通達に従って評価した金額をいいます。

これも少し複雑ですので、考え方を簡単に示したのが、同じ図3－4の下側の算式のようになります。

## 自社株評価を引き下げるにはどうすればよいか？

ここまで非上場株式の評価の概要を見てきましたが、事業承継においては、自社株の評価が高すぎるため、後継者への自社株承継がうまく進まないということがよくあります。

自社株の評価が高いということは、会社の業績がいいことを示すので、本来であれば喜ばしいはずです。しかし、自社株の評価が高ければ高いほど、後継者への自社株承継に伴う相続税や贈与税の負担は大きくなってしまいます。特に、突然発生した相続では、遺族

**図3-4　純資産価額の算定**

$$\frac{\text{資産の合計額（相続税評価額）} - \text{負債の合計額} - \left[\underset{\text{（相続税評価額）}}{\overset{Ⓐ}{\text{純資産価額}}} - \underset{\text{（帳簿価額）}}{\overset{Ⓑ}{\text{純資産価額}}}\right] \times 37\%}{\text{発行済株式数}}$$

Ⓐ 資産の合計額（相続税評価額）－負債の合計額

Ⓑ 資産の合計額（帳簿価額）－負債の合計額

↓

$$\left[\text{時価純資産額} - \text{含み益} \times 37\%\right] \div \text{発行済株式数}$$

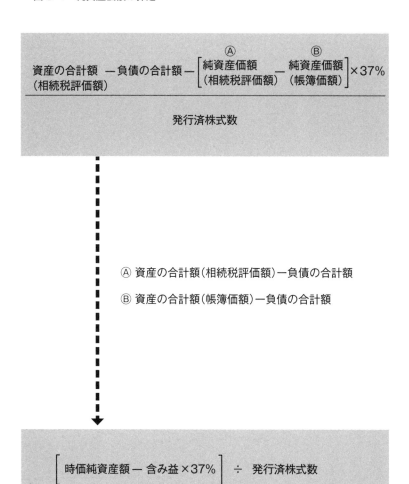

が想像もしていなかった高い相続税が課され、泣く泣く大切な資産を切り売りせざるを得なくなる悲劇が起きかねません。

承継する財産が預金や上場株式などの場合は、それらを換金して納税資金に充てることができますが、一般的に自社株は売却して換金することはできません。

なぜなら、当然ですが、自社株を売却するということは、経営権を後継者以外の第三者に渡すことになってしまうからです。それでは、本来の承継の目的から外れてしまいます。

そこで、いかに相続税や贈与税を抑えながら、後継者にスムーズに自社株を承継していくかという観点から、自社株評価の引き下げを検討することが大切な段取りとなります。

これは、特にオーナー経営者が、相続だけでなく、可能なら計画的な贈与を考えるべき重要な要素となります。その方法は、税制面でどのくらいに分けて贈与するか、そして贈与の前に自社株の評価をどこまで下げられるか（支払う税額を抑えられるか）です。突然発生することの多い相続では、なかなか自社株の評価引き下げを計画的に進めることが難しいからです。

さて、自社株評価を引き下げる上での基本的なアプローチには、

## （A）類似業種比準価額のブレンド割合の引き上げ

（Ｂ）類似業種比準価額の引き下げ
（Ｃ）純資産価額の引き下げ

の３つがあります。それぞれポイントを説明しましょう。

**（Ａ）類似業種比準価額のブレンド割合の引き上げ**

なぜ類似業種比準価額のブレンド割合を引き上げると、自社株の評価が下がるのでしょうか？　それは、類似業種比準価額のほうが、純資産価額よりも評価が低くなる場合がほとんどだからです。

土地や有価証券の含み損が大きい場合などを除き、たいていの会社では類似業種比準価額のほうが低くなるのではないでしょうか。

したがって、自社株が類似業種比準価額と純資産価額のブレンドで計算されている場合や、純資産価額のみで計算されている場合は、類似業種比準価額のブレンド割合を増やすことによって株価を引き下げることができます。

では、どのようにして類似業種比準価額のブレンド割合を増やせばよいのでしょうか？

図 3-5　類似業種比準価額のブレンド割合の引き上げ

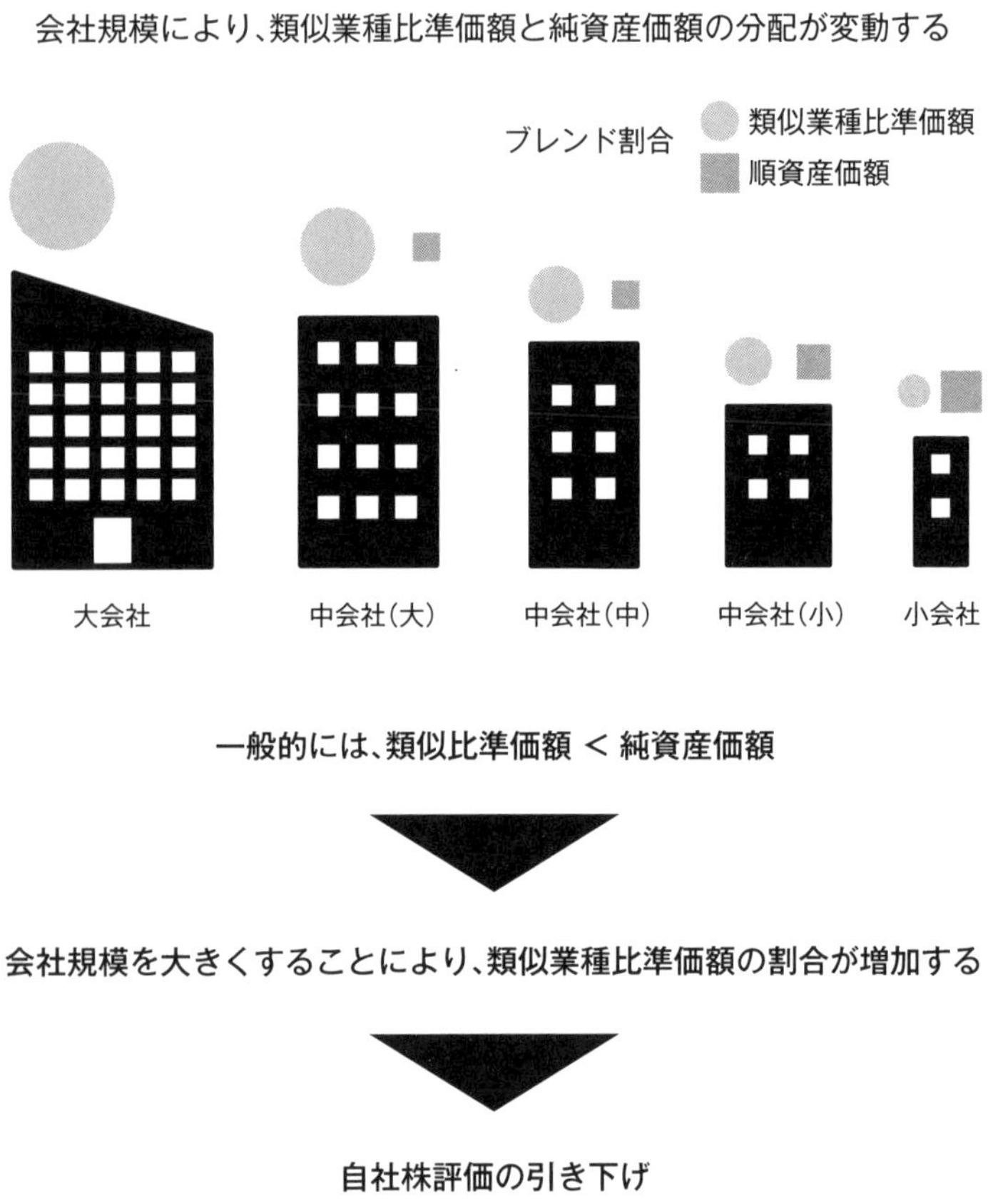

もうお分かりの方も多いと思いますが、先ほども説明したとおり、会社の規模が大きくなればなるほど類似業種比準価額の割合が大きくなります。したがって、会社の規模を大きくすることによって自社株の評価を引き下げることができるのです。その概念を示したのが、図３－５です。

会社規模を大きくする手法として実務的によく行われるのは、グループ会社との合併や、借り入れによる事業用資産の購入などです。

## （Ｂ）類似業種比準価額の引き下げ

（Ａ）と同じように、自社株が類似業種比準価額と純資産価額のブレンドで計算されている場合や、類似業種比準価額のみで計算されている場合は、類似業種比準価額を引き下げることによって株価を引き下げることもできます。

先ほども述べたとおり、類似業種比準価額は配当金額、利益金額、簿価純資産価額の３つを比準要素として算出します。ここでポイントになるのが、比準割合の算式のうち、利益金額を引き下げることが有効な方法となることです。

これは類似業種比準価額を算定する上で、利益の変動が株価にもっとも大きな影響を及ぼすことを意味しています。したがって、類似業種比準価額を効率よく引き下げるためには、利益の引き下げがもっとも有効です。この仕組みを計算式で示すと、図3－6のようになります。

利益を引き下げる手法としてよく用いられるのは、損金性の高い保険への加入や役員退職金の支払い、含み損のある資産の売却などです。

## （C）純資産価額の引き下げ

（A）や（B）と同じように、自社株が類似業種比準価額と純資産価額のブレンドで計算されている場合や、純資産価額のみで計算されている場合は、純資産価額を引き下げることにより株価を引き下げることもできます。

純資産価額の引き下げを行う上での基本的な考え方は「資産の組み替え」です。

自社株評価を行う場合、会社が所有する資産の評価額は、基本的に財産評価基本通達に基づいて算出します。算出された評価額を「相続税評価額」といいますが、資産の中には、現預金のように額面と相続税評価額が同じものもあれば、実際の売買金額に比べて相続税

**図 3-6　類似業種比準価額の引き下げ**

$$A \times \frac{\frac{\text{Ⓑ}}{B} + \frac{\text{Ⓒ}}{C} + \frac{\text{Ⓓ}}{D}}{3} \times \text{斟酌率} \times \frac{\text{1株当たりの資本金額}}{\text{50円}}$$

↓

$$\text{上場会社の株価} \times \frac{\frac{\text{自社の配当}}{\text{類似の配当}} + \frac{\text{自社の利益}}{\text{類似の利益}} + \frac{\text{自社の純資産}}{\text{類似の純資産}}}{3}$$

**利益の引き下げが効果大！**

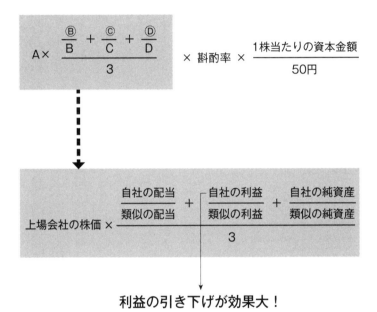

評価額が低い資産もあります。

そこで、自社の現預金を、そのように相続税評価額と実際の売買金額とが大きく異なる資産に組み替えることによって、純資産価額を引き下げることができます。

代表的なものが建物です。財産評価基本通達において、建物の評価額は固定資産税評価額をベースに算出することになっています。

この固定資産税評価額は、実際の売買金額に比べ、40～60%程度で評価されることが多いため、自社の現預金で家屋を購入するだけで、つまり、現預金という資産を建物に組み替えるだけで評価額は下がります。

また、購入した建物を賃貸に出せば、借りている人の権利が考慮されて、さらに30%の評価減が可能です。個人の方が相続対策で賃貸マンションを建築するのと同じ理屈ですね。

ただし、建物の購入後3年以内は財産評価基本通達による評価額ではなく、その時点における通常の取引金額によって評価することとされているので注意が必要です。このように相続税評価額と実際の売買金額が大きく異なるものとしては、建物のほかに低解約返戻金型の生命保険、ゴルフ会員権などがあります。

ただ近年、タワーマンションの購入価格と相続税評価額の差を活用する方法が注目を浴びましたが、国税当局も評価額の引き上げなどでメスを入れ始めています。

いずれにしても、こうした取り組みによって自社株の評価を引き下げれば、後継者に課せられる贈与税や相続税の納税負担は軽減され、自社株承継がよりスムーズに実現するはずです。

## 2　売買における株価計算方法

この章の後半は、オーナー経営者側が、少数株主から自社株を買い取る際の株価の計算方法を解説します。

一部は、これまで説明した方法と重複しますので、省略します。

ただし、売買の場合は、相続や譲渡とは異なり、仮にこれから解説する方法で株価の基準は得られたとしても、その株価で売買をしなければならないという理由にはなりません。

なぜなら、株式市場に上場されていない非上場株式の取引は、あくまで売り手（少数株主）と買い手（オーナー経営者側、つまりあなた）の相対でしかありません。これまで説明してきた相続や贈与とは異なり、会社の業種や規模に応じてこの方法で計算しなければならない、という決まりはありません。言い換えれば、さまざまな方法を参考にした上で、最終的には買い手が買ってもいい価格と、売り手が売ってもいい価格が折り合わない限り、取引は成立しません。

したがって、これから解説する計算方法は、あくまでその価格を探るための基準にしかなりません。買い手であるあなたが買値を提示する際、基準よりも高く出してもいいのか、基準よりも安いならお得なので買ってもいいのかは、あくまでどういった状況に置かれているかによって変わります。売り手も同様で、時間があり、高く買ってほしい根拠を示せる人もいれば、今まさに相続税に悩まされていて、どうせ原価なしで相続した株なのだから価格はさておき少しでも早く現金化したいと考えている人もいるでしょう。結局、これもやはりケース・バイ・ケースなのです。

そして、ある意味では、機械的に求められる株価よりも、複数の法則を用い、組み合わせて、相対取引の交渉を総合的にどう行うか、どう折り合いをつけていくかの実務のほうが難しく、事実上は重要と言えます。株式集約をお手伝いしている当社の得意分野は、その調整能力と、これまで扱った案件の豊富さにあると自負しています。

それでは説明していきましょう。まず、売買における株式の評価方法には大きく分けて、

(A)ネットアセット・アプローチ
(B)インカム・アプローチ

## (C) マーケット・アプローチ

の３つがあります。それぞれに長所と短所があり、それらを踏まえて各事案の背景などを総合的に勘案し、最も適した評価方法を選択していきます。

## (A) ネットアセット・アプローチ

先ほどの説明にも出てきた「純資産価額方式」と同様で、会社の財産価値を個別に評価し、その合計を用いて株式の価値を評価する方法です。

主なものに簿価純資産価額方式と時価純資産価額方式がありますが、通常は時価純資産価額方式を用います。この方法によって算出された評価額は、会社の評価時点での価値を示します。貸借対照表（ＢＳ）をもとに算定されるため、専門家以外でも理解しやすいという特徴があります。また、不動産や株式を所有する会社ならば、その含み益や含み損（値上がり・値下がりによって生じる帳簿には表れない利益や損失）も考慮されるので、ある意味会社の解散価値ともいえます。

すなわち、仮に現時点で会社を解散する場合、借入金等の負債を支払い、換価できる資産を現金に換えた上で、残った財産を株数に応じて株主に分配する金額ということになります。

また、簿価純資産価額方式なら、貸借対照表（ＢＳ）の純資産を株数で割り算すれば1株当たりの株価が計算できるので、その株価に株数を掛け算すれば、所有株価を把握することができます。例えば持株比率が10％で、純資産価額が3億円なら、株式の評価額は3億円×10％＝３０００万円です。

会社の解散価値に近いというのは、実際に解散するときには会社が所有する不動産などを売却するため、その購入金額（簿価）と現在の評価額（時価）にズレが生じることが多いからです。極端な例で言うと、バブル期に買った土地の値段と現在の値段は大きく違うはずです。そのため解散時には、そのズレに応じて株価も調整されます。

短所としては、継続して活動し続けることが前提の会社において、将来の利益や成長が考慮されないという点があります。

## （Ｂ）インカム・アプローチ

将来獲得できると予測されるリターン（利益など）を現在の価値に還元評価して株式を

評価する方法です。主なものに「ＤＣＦ（ディスカウントキャッシュフロー）法」「収益還元方式」「配当還元方式」などがあります。

これらは、継続的または将来性のある事業を評価するという点においては、最も優れた方法といえます。一方で算出過程に将来の予測という不確定要素が入るため、客観性に欠けるという見方もできます。

・ＤＣＦ（ディスカウントキャッシュフロー）法

仮に現在の純資産額が１０００万円の会社があったとします。その会社は急成長をしており、10年後の純資産額は５倍になりそうです。この場合、純資産価額方式で株式を算出するのは適切とはいえないでしょう。だからといって、単純に純資産額を５０００万円にして算出するのも強引です。確実に業績が伸びる保証はなく、それどころか数年後にその会社が存在しているのかさえ、誰にも分からないからです。

そこでＤＣＦ法では、将来の成長が見込める会社の株式に対して、純資産価額方式による評価にその伸びしろを上乗せして（予想の純資産額からいくらか差し引いて）算出します。この算出方法は非常に複雑ですが、公認会計士に依頼すれば一定の金額が出てきます。この方法は、株価を高く評価してほしい売る側が利用する傾向があります（理論的に優れてはいますが、将来キャッシュフローの見積もりおよび割引率の選定に主観が伴うという短所があります）。

・収益還元方式

将来獲得すると予想される1年分の税引後利益を資本還元率という特殊な数値で還元して株価を算定する方法です。ＤＣＦ法の簡易版ともいえる方法で、比較的簡単に利用できる株価算定方法ですが、ＤＣＦ法よりは株価算定の精度が落ちます。

・配当還元方式

配当還元方式とは、本来は別の計算式があるのですが、簡単に言ってしまうと10年分の配当金を株式の評価額とする方法です。非常に簡単な算出方法ですが、ほかの方法に比べると評価額が低くなる傾向があります。なぜなら非上場会社の場合、支配株主であるオーナー経営者などの意向によって、利益があっても配当金を支払わない場合や、利益に比例せず少なめに配当金を支払っていることがあるからです。そのためこの方法は、できるだけ安く評価したい買う側が利用する傾向があります。

## (C) マーケット・アプローチ

類似の業種の上場会社の株式市場での評価を利用して、非上場会社の株価を評価する方法です。主なものに「類似業種比準方式」や「類似取引比較法」などがあります。特に類似取引比較法は、比較する会社が見つかりにくいという欠点があり、実際に利用されることはあまりありません。

・類似業種比準方式
(1) 相続税・贈与税申告時の株価計算方法の《ステップ3》で説明したとおりなので省略します。ただし、会社の経営状況というのは千差万別なので、誰もが納得できる比較対象の上場会社を見つけるのは困難というのが現状です。また、上場企業と異なり、非上場企業は流動性が乏しいので、非流動性ディスカウントとして20〜30％がディスカウント適用されることがあります。

・類似取引比較法
過去の類似する複数のＭ＆Ａ（企業の合併・買収）取引を基準に、株価を算定します。

比較的客観性の高い評価方法といえますが、我が国ではM&Aの情報整備が進んでいないことから採用するのは難しい状況です。

## 買い手・売り手が納得できる株価を導く秘伝の方法はあるか？

私たちが株式集約のお手伝いをする際は、こうした計算方法を使い、交渉における株式価値の基準を作ります。

ただ、何か1つの計算方法だけを用いて交渉することはほとんどありません。説明したとおり、それぞれの方法にはメリットとデメリットがあり、一方にとってのメリットが、他方にはデメリットになってしまうからです。会社が成長過程にあるのか、資産がどのくらいなのかなどによっても変わってきます。

そこで交渉の現場では、多くの場合、複数の方法を併用するようにしています。具体的には、たとえば「DCF法50％、純資産価額方式50％」といった具合です。

ただし、どの方法を、どんな割合で併用すればいいのか、明確に判断できる根拠はどこにも存在しません。繰り返しになりますが、全てケース・バイ・ケースです。

また、制度の解釈や実際の運用はもちろん公認会計士の職分となりますが、「双方が納得できる価格をどのように探るか」については、必ずしも彼らの得意分野ではありません。

合理的な株価が算出できたとしても、非上場株式はその株価で取引しなければならない決まりはありません。繰り返しになりますが、究極的には高かろうが安かろうが「お互い納得できるかどうか」の話であり、同時に数字だけでは表せない人間関係が関係してくる場合もあるからです。

したがって、できるだけたくさんのケーススタディーを持っているほうが、有利に集約できる最適な方法を提案できる可能性が高まります。

私たちは、長年の経験と公認会計士や税理士など専門家の協力によって、スムーズに株式集約のための株価を算出するよう努力をしています。

なお、タワーマンション規制の例のように、税制は頻繁に変わることが多く、素人ではなかなか理解が難しい分野でもあります。繰り返しになりますが、この章では大きな方向性だけを理解していただければ十分です。相続も譲渡も、そして株式集約における実務も、法令は最終的には、弁護士・公認会計士、税理士と相談しながら決めるべきものです。したがって、必ず公認会計士、税理士に相談をし、最新の法令や国税局の通達等、今後の動向を確認するようにしたいものです。私たちも当然そうしています。

一方で、相続税という制度自体は言ってしまえば、あくまで相続税を徴税する側の国が、日々発生している相続に対して単純化した課税を行うためのルールにすぎません。相続によらない話、特に株式の集約についてそのまま応用できる話ではないことだけは、当事者としてしっかり覚えておきたいものです。

それではいよいよ、実際に当社とご縁があった企業様、オーナー経営者様の具体的なケーススタディーを紹介したいと思います。

さまざまなパターンがあるケース・バイ・ケースだ、と述べてきたことが実際にどのような出来事になっているのか、ここまで本書で説明してきたさまざまな内容がどう活かされているのかを見ていただき、併せて現在ご自身の抱えている問題とどのように重なるのか、体感していただければと思います。

# 第4章

# オーナー社長の株式集約サポート事例集

## 人の数だけ事情があり、事例の数だけ学びがある

この章では、ここまで述べてきた知識を受けて、実際に当社がオーナー経営者様の依頼によってサポートしてきた株式集約の事例をご紹介します。

あらかじめお断りしておきますが、続く3つのエピソードは、いずれも当社が扱った複数の案件における事実を元に、お客さま固有の情報を保護しながら、詳細を再構成したフィクションです。登場する人物、会社名等も全て仮名、仮称です。

ただし、個々のエピソードは、いずれも実際にあった出来事がベースになっているとお考えください。

数ある事例の中からこれらの話をご紹介する理由をあらかじめ述べておきますと、単なる株式の集約、売買という以上に、オーナー経営者、少数株主、その周辺の人々、株式を売る側、買う側の、それぞれの事情、感情、そして苦労や人生模様がよく分かるものだからです。

オーナー経営者歴45年になる私には、時として必要以上に、同じ経営者の気持ちが理解できるだけでなく、心を打たれたり、自分のことが思い出されたりして息をのむ瞬間があります。

そんな時はなおさら、どうにか円満に、友好的に、関係者全てが納得する方案を、現状を少しでもよくできるような、今後の事業展開や人生に期待を見いだせるようなソリューションを提供したいと心から思います。

全てのケースが個性的で、常に求められる解決策は異なります。これでよかったのかと悩むこともあります。そんな中で、懸案がようやく整理できたことを感謝いただき、新たな気持ちで経営に邁進される経営者の後ろ姿は、私にとって何物にも代えがたい「報酬」でもあります。

## 【CASE1】 共に創業したが、今は事情の異なる3兄妹――会社も活かして兄妹仲良く別の会社を経営

血のつながった兄妹が同じ会社を経営する……何だか、テレビドラマの設定のようで、素敵な、ロマンチックな話に聞こえます。

しかし、血のつながった兄妹だからこそ、いったん話がこじれた場合、経済的な事情だけではない葛藤が生まれやすくもなります。

そんな時、第三者がどうコーディネートしていけば全員が納得し、会社も順調に経営を

続けていけるのでしょうか？

▼「すごい健康通販株式会社」プロフィール

健康食品のネット通販。順調に成長中。

・長男……東京誠一（共同創業者、ただし別の企業も経営）

・次男……　　浩次（同）

・末妹……　　彩華（社長、当初出資はせずに創業時から実務を担当）

「すごい健康通販株式会社」は、健康食品を中心とした商品を、インターネットで販売している家族経営の企業です。

当初、この会社を設立したのは、長男の誠一氏、そして次男の浩次氏でした。資本金は600万円。末っ子の彩華社長は資本を出していません。

設立当時の資本構成は、

・誠一氏……400株（66・7％）

・浩次氏……２００株（33・３％）
・彩華社長……０株

でした。

兄妹での共同経営ではありますが、資本上は誠一氏がオーナー経営者、支配株主であり、浩次氏は少数株主、彩華社長は持ち株なし。肩書では、誠一氏が代表取締役社長、浩次氏は取締役、実務を担当する彩華社長は当初、一従業員の立場でした。

一方で、誠一氏、浩次氏は当社以外に別の企業も共同経営しており、そちらが忙しかったこともあって、実務に慣れてきた彩華社長に任せ、徐々に経営にはタッチしなくなり、やがてほぼ「丸投げ」に近い形になっていました。

彩華社長は取締役、次いで株主である２人の兄によって代表取締役社長に選出されました。経営は初めてでしたが、思わぬ才能を発揮していきます。

もともと自分自身、健康食品への関心が高く、顧客のニーズや最新の流行を捉えるのが得意で、いち早く大量の仕入れを行うことで原価率を下げ、定期購入の顧客を多数確保して、競争力を強化します。さらにＣＲＭ（顧客関係管理）を導入して顧客の動向を分析し、「あわせ買い」「ついで買い」のきっかけを上手につくり、新しい売れ筋商品の開発にも複数成功して、客単価を引き上げていきました。ある時期からインターネット広告も出稿し始め、事業規模は急成長していきました。

兄2人は別会社の経営にかかりきりで、また、株式や不動産への投資も行なっていましたから、「すごい健康通販株式会社」の現状にはあまり関心を持っていませんでした。というより、順調な経営が行われていること、ほぼノータッチなのにある程度まとまった役員報酬が入ってくること、そして何より血を分けた妹に任せているのだから、任せきりでいいだろうという考えだったのです。

経営者として頭角を現し始めた彩華社長には、やがて同じようなビジネスを展開している女性経営者の友人ができました。彼女は彩華社長の手腕と、置かれている状況を考えれば、株を一切持っていないのはもったいないし、一部でも株を持っているほうがいっそう励みになるとアドバイスしてくれました。

そこで彩華社長が税理士に相談すると、やはり頑張った分だけ将来株価の上昇が期待できるのだから、可能であれば株を持っていたほうがいいと言われたため、ひとまず長兄の誠一氏に相談を持ちかけ、持株のうち200株を、額面のとおり200万円で買い取ることにしました。つまりこの時点では、

・誠一氏………200株（33・3％）
・浩次氏………200株（33・3％）
・彩華社長……200株（33・3％）

で、3兄妹・3取締役がまったく同じ保有率となりました。

多忙で関心がなく、取締役会や株主総会まで丸投げしていた兄2人でしたが、ある時、彩華社長がどのくらいの報酬を取っているのかを偶然知ってしまい、がくぜんとします。誠一氏が年380万円、浩次氏が120万円なのに対して、彩華社長は5300万円の役員報酬を受け取っていたのです。

ほぼ何もせずに報酬だけを受け取っていた2人でしたが、この数字を見て、怒髪天を突くかのごとく気分を害してしまいました。彩華社長の役員報酬は、誠一氏や浩次氏が他の会社から得ている報酬を足した額よりも、断然高かったからです。相談もなく高い年俸を得ていたことへの怒りとともに、ひそかに「兄貴」として、経営者の先輩としてのプライドも傷つきました。

しかし考えてみれば、あまり大きな口を叩ける立場でもありません。

そもそも、そこまで高額の役員報酬を受け取れるほどの高収益企業に変貌していたことも知らなかったわけです。もともと株主なのですから、その気さえあればいくらでも経営に口は出せたはずなのに、丸投げを続けていたのもまた自分自身ですし、会社をここまで成長させたのは全面的に彩華社長の功績です。

そこで兄2人は、今後たもとを分かち、彩華社長単独で経営していくこと、そしてしかるべき金額で兄2人の株式を買い取ることを要求しました。

彩華社長は、税理士と相談の上、簿価純資産方式で算出した1株50万円での買い取りを回答しました。

1人につき、200株×50万円＝1億円の評価となるわけですから、一見悪い条件には見えませんでした。

ところが、兄2人が税理士と相談すると、株式の発行会社が自社株を買い取る場合はみなし配当扱い（配当以外の行為に対しても税務上は配当と同じとみなして課税を行うこと）になるため、分離課税ではなく総合課税となり、取得原価、すなわち発行当時の額面が200株＝200万円なので、利益は1億円－200万円＝9800万円、そこに所得税45・945％と住民税10％の計55・945％（約5482万円）が課税され、手元には4518万円（9800万円－5482万円＋200万円）しか残らないことが判明し、ショックを受けます。

3兄妹間の経営権譲渡の話の出口を模索している頃、彩華社長から知人を通じて私のところに相談が持ち込まれました。

守秘義務契約を締結した上で財務データを拝見、事業内容もリサーチして、どうにか兄妹3名が仲良く、円満に解決する道がないか、模索を始めました。

まず、損益の状況は次のとおりでした。

売上：10億円
売上総利益（粗利）率：60％（6億円）
営業利益：1.2億円
経常利益：1.2億円
税金：0.5億円
税引後当期利益：1億円

会社の規模を考えれば、非常に立派な高収益企業という印象です。

次に、資産の状況は、

現預金：4億円
長期借入金：1・4億円
純資産：3・1億円
総資産：5・8億円
自己資本比率：53・4％

手元流動性もあり、自己資本比率も高く、彩華社長は文句なしの優秀な経営者と言えます。まして、5300万円もの高額報酬を受け取りながらこれだけの利益を残しているのです。私のような第三者からは、思わず「あっぱれ！」と声が出るレベルです。

ただ、ここまでの経緯から、兄2人と彩華社長との間では解決策のアイデアがなく、お互いに苦慮している状況だったため、まずは兄2人が納得できる株価で、私たちが株式を取得することを提案し、株主名簿の書き換えを行った後で、彩華社長に対して相談することとしました。

それは、我々が3分の2の大株主として、経営コンサルタントの知見でアドバイスするものの、実務は彩華社長に全面的に委任する案と、我々の株式は彩華社長に買い取ってもらい、100％オーナー社長となる案です。

その後、最終的に彩華社長が納得できる株価で買い取っていただくことになりました。そして共にビジネスを始めた3兄妹が、仲良くお互いのビジネスに専念できるスキームを考えました。

それは、彩華社長が引き続き会社を運営するために必要な運転資金を手元流動性で確保しながら、私たちが取得した残りの４００株を自社株式として取得することにより、１００％の経営権を確保することです。

彩華社長も大きく負担を増やさず全株を集約し、実力に見合う形で、完全なオーナー経営者になることができました。今後も新鮮な発想のもとで成長を続けるに違いありません。

## 【CASE1　まとめ】

このケースを解決する際のポイントは、

（1）兄妹の仲を円満に、友好的に解決する

（2）税制を考慮し兄2人の手取り額を増やす

（3）彩華社長の経営に支障を来たさないよう運転資金を確保する

でした。私たちのソリューションで、３名が納得できる形で経営権が譲渡されました。それぞれ今後も新たな気持ちで経営に邁進されることでしょう。

## 【CASE2】「終活」で株を手放したい少数株主の叔父・叔母と、経営不振で買い取りに高値はつけられない三代目。複雑な親族関係を円満解決

祖父の起こした会社を継いでどうにか看板を守っている三代目。甥《おい》っ子の三代目を支えてきたもののもう高齢の叔父と、経営に関わってこなかった叔母。決して高収益でもない製造業での株の買い取りをどうすべきなのか、誰も身動きが取れない……こうした、日本のあちらこちらにあるオーナー経営者の悩みを交通整理するには？

▼「福岡精密株式会社」プロフィール

精密部品の製造。1935年から三代続いている長寿企業。

・祖父……田中太郎（創業者、他界）
・父………栄一（二代目、太郎の長男、他界）
・本人……栄太郎（三代日現社長、栄一の長男）
・親族……幸雄（太郎の次男、存命）
・親族……久恵（太郎の長女、存命）

「福岡精密株式会社」は、１９３５（昭和10）年創業の精密部品製造業で、いわば「米寿企業」です。

経営者は代替わりを経て現在三代目の栄太郎氏。この間、創業者一族が株式を分け合って保有し、互いに役員を務めてきた、典型的な同族企業です。

会社は一般的な「町工場」ですが、長年の信用と技術力を背景に優良企業との取引を抱えていて、順調と言えなくはない状況でした。

ただ、近年の世界情勢による原材料高、さらに発注元からの値下げ要請が続いており、収支のバランスが保てず、切り崩しでしのいでいる状況です。

創業者の太郎氏（故人）、現経営者の父である二代目の栄一氏（同）の時代までは素晴らしい業績を出していて、当時からの内部留保をどうにか保ってきました。ただ、このままでは先行きが不安にならざるを得ません。

そんな中、栄太郎社長のもとに、叔父、つまり父の弟に当たる幸雄氏から、株式を買い取ってほしいという依頼が続いていました。

幸雄氏は、かつて専務取締役として兄の二代目を支え、三代目の経営承継を見守ってきた人物です。現在は66歳となり、すでに引退していて、役員でもありません。

幸雄氏の2歳下の妹、つまり栄太郎社長の叔母である久恵氏も、事情こそ違うものの、兄の幸雄氏が株式を売るのなら、その機会に自分の持分も一緒に売却したいと考えています。というのも、久恵氏は経営にも事業にも関与してこなかったため、もともと株の保有に関心がなかったからです。

株を買ってほしい親戚2名からの継続的な要求、そして経営の先行き不透明で、栄太郎社長は悩んでいました。

経営権集約という意味では魅力的な話でもあります。相続や譲渡の結果、現時点での持株の状況は、

・栄太郎氏（現社長）……15％
・栄太郎氏の長姉…………15％
・栄太郎氏の次姉…………15％
・幸雄氏＋2人の子………27・5％
・久恵氏＋2人の子………27・5％

となっています。栄太郎氏の2人の姉はいずれも他家に嫁いでいて、経営に関与していま

せん。

この親族、基本的に関係は良好で、あまり大きなトラブルはありません。しかし、そろそろ体力の限界を感じ、「終活」を望んで、可能ならば現金化したいと考えている幸雄氏一家がそうするならぜひこの機会に自分も処分したいと考えた久恵氏一家の買い取り希望に対して、直近の経営が厳しくキャッシュアウトを嫌う栄太郎社長は、否定的な反応を示しながらも決定的に断るわけにもいかず、のらりくらりと反応してきました。

近年の業績が振るわないだけではありません。自分自身は15％しか株を保有しておらず、見かけ上は少数株主ですが、経営に関わっていない２人の姉の株は自分が任されているも同然なので、事実上全体の45％は確保しています。

では、半数を超え、あるいは３分の２を超えて保有する機会を逃すべきではないかというと、その点も正直ピンときません。引退した幸雄氏、一切経営に関心がない久恵氏の２家の保有率を合わせると55％となり、経営権を握れることになりますが、もともと彼らは栄太郎氏の経営を脅かす存在ではなく、あくまで「仲のいい親戚のおじさん、おばさん一家」だからです。これは反対に、栄太郎氏から見れば、わざわざお金を出してまで、株を買い取り経営権を確実に保有するモチベーション自体が薄いことになります。

強気には出られない幸雄ファミリー、久恵ファミリーでしたが、お互い病気気味ということもあって、会えば体の不調の話ばかり、この先いつまで元気でいられるか自信が持てません。さらに相続が発生すると、自分の子どもが複雑な状況で株式を引き継がなければならなくなります。

2人で話し合った結果、ついに途方に暮れている心境を栄太郎社長に吐露しました。かといって、栄太郎社長にも妙案は浮かびません。

この状況をどう打開すればいいのか、それはつまり、会社の現状を踏まえ、みんなが円満に出口を見いだすことにほかなりません。こうして栄太郎社長から私たちに相談が持ち込まれました。

そこで同じく守秘義務契約を締結した上、財務データと事業内容のリサーチを始めました。まず損益は、

売上　　　：2億6300万円
営業損失：2400万円
経常損失：1100万円
税引後当期純損失：1200万円

となっていて、決して楽観できるものではないことがうかがえます。反面、資産のほうは、

現預金：8800万円
総資産：2億8300万円
純資産：2億200万円
自己資本比率：77・7％

という立派な数字になっていました。

考察すれば、過去からの蓄積は素晴らしいものがありながら、最近非常に苦労していて、取り崩している様子が見て取れます。栄太郎社長がキャッシュアウトを嫌う理由がよく理解できますし、この会社に限らず、株の買い取りの話がなかなかまとまらない理由としては、よくあるパターンでもあります。

そこで私たちは、現経営者である栄太郎氏の経営権の確保と、幸雄ファミリー・久恵ファミリーが希望する株式現金化の出口を模索しました。

まず、栄太郎社長と2ファミリーが、このまま微妙な空気となる事態は避けなければいけません。何よりも草葉の陰で創業者の太郎氏が悲しむでしょうし、彼ら自身も望んでい

ないからです。

同時に、もしも栄太郎社長が安定した経営権を確保できるのなら、それはオーナー経営者として根本的な重要事項とも言えます。言い方を変えれば、このままの事態を放置していると、将来第三者に経営権を乗っ取られるリスクがないとは言いきれないからです。

これまでの話し合いで、栄太郎社長と2ファミリーでは出口が見いだせなかったため、私たちが2ファミリーの株式を取得しました。

この時点で心の荷物が整理できた幸雄氏、久恵氏からは、残りの人生を楽しむ資金が手に入ったことも併せて、大変感謝されました。

当社が保有した株式は、発行会社である福岡精密に対して、株式譲渡承認請求を行ったところ、会社側の指定代理人として栄太郎社長個人で買い取り表明があり、円満かつ友好的に買い取っていただきました。

これで栄太郎社長は、単独で70%の株式を所有することになり、名実共にオーナー経営者となったわけです。

今後は、残された経営リソースを最大化して、世界的な環境変化、技術革新の難局を乗り越えていただきたいと願うばかりです。

## 【CASE2　まとめ】

このケースを解決する際のポイントは、

（1）仲の良い親族間の関係を決して破綻させない

（2）近年不振だが資産を持つ企業の株価を客観的に評価する方法がある

（3）第三者が間に入ることで取引を円滑化し、経営権を確保

でした。今後も仲の良い親戚関係を保ちながら、相続の心配なく余生を楽しんだり、経営権の心配なく新しい道を切り開くそれぞれの人生を探っていかれることを祈ります。

## 【CASE3】前妻、現妻を残して逝ってしまった経営者。経営権、経営意欲、借入金……ステップファミリーの入り組んだ事情を解決

離婚、再婚の上、3人の子どもを残して急逝した経営者。経営権を引き継いだものの経営に関心がない現妻と無関係の事業資金を借りていたその子、この機会に現妻一家を追い出したい前妻の子……合理性だけでは割り切れない人間関係をどうさばく？

▼「広島産業株式会社」プロフィール
建築資材、インテリア資材等の専門卸。

・故人…………塚本良一（創業者）
・現在の妻……理恵（出資者、取締役）
・その子………義一（鍼灸師、経営に関与せず）
・前妻…………育代
・前妻の長男…義浩（美容師、経営に関与せず）
・前妻の次男…義幸（良一を助け、後継者に）

最後のケース、「広島産業株式会社」の事情はとても複雑です。私たちに話が持ち込まれたきっかけは、創業者である良一氏が急逝したことに伴う相続と事業承継のトラブルからでした。

まず、家族関係から整理しておきましょう。

最近亡くなった良一氏は、亡くなる直前まで代表取締役社長を務め、短期間で好成績を叩き出す優秀な経営者でした。

良一氏には前妻・育代氏がいて、その間に2人の子ども、義浩氏、義幸氏がいます。良一氏と再婚した理恵氏は、良一氏にとって3人目の子どもとなる義一氏を産みました。つまり、亡くなる直前までは、良一氏と理恵氏の夫婦と、義一氏の3人で暮らしていたわけです。

一方、良一氏が独立して「広島産業」を創業したのは理恵氏との再婚後でした。資本金は2人で折半し、各100株、500万円ずつの資本金1000万円で設立したわけです。理恵氏も取締役となり、役員報酬を受け取っています。

しかし、2人の子である義一氏は自ら職業として鍼灸師を選び、父の事業には関与していません。むしろ父の仕事を助けたのは、前妻との間に生まれた次男の義幸氏でした。なお、長男の義浩氏は美容師をしていて、事業には関わっていません。

事業が順調に拡大した背景には、義幸氏の功績も大きく、良一氏の意向によって取締役になっていました。他方、出資者でもある現妻の理恵氏の子、義一氏は、会社の事業とは無関係に、自分の鍼灸院を開業する際の資金として、会社から1200万円を借り入れていました。

この状況で、良一氏が急に倒れ、ほどなく亡くなってしまいました。

良一氏は遺言書を作っていなかったため、亡くなる直前病床に5人を集め、口頭で財産分与の内訳を指定しました。しかし、うっかり忘れていたのか、同社の持株に関する言及がありませんでした。

そして良一氏の没後、双方に課題が発生します。

事実上会社の経営を継いだ形の義幸氏は、経営権もないのに、一切連絡もせず理恵氏を取締役から辞任登記していたことが判明し、月60万円ほどあった役員報酬も、一方的に10万円に減額してしまいます。

前妻の育代氏が良一氏の葬儀に顔を見せなかったこともあり、理恵氏の怒りは頂点に達します。

なお、良一氏の持株100株分は、相続人4人の間で遺産分割協議を行った結果、法定相続することで決着したため、もともとの持分と合わせて、理恵・義一一家の持株は167株となり、議決権シェア83・5%、つまり特別決議までも可能な圧倒的支配株主となりました。

この時点で、経営権を獲得できていない事実上の新経営者、義幸氏から、当社にご相談がありました。

当然、理恵氏一家が株式議決権を行使すれば、経営上のガバナンスの解決に対しての話し合いは避けて通れないことが予想されました。

ただ、理恵氏は会社の経営に関与してこなかったため、実務を知る義幸氏を放逐してなお順調な経営を続けられるとも考えにくいところです。また、そもそも理恵氏は、広島産業の事業自体にあまり関心がない様子でした。かといって、夫が作り、情熱を注いだ会社をむやみに解散させたいとも思っていないはずです。

ならば、むしろこれを機会に株式を手放してもらえないか。同時に、理恵ファミリーにとってもトゲのようになっているはずの借金、それも親子関係を背景に半ば父親にすがる形で会社から借り入れていた1200万円の債務も処理したいという意図があるはずだというのが、義幸氏の読みでした。この貸付金は会社の事業とは全く関係がなく、厳しく言えば前経営者の良一氏の「我が子かわいさ」による、会社の「私物化」です。

優良な企業の圧倒的経営権を確保していながら、今後経営する意図がないというケース、さらには人間関係が絡み合ったケースであり、私たちも慎重な対応が必要でした。守秘義務契約を締結し、同社の財務調査と事業調査を開始しました。

損益は、

売上：2億4000万円

営業利益：4700万円

経常利益：4600万円
税引後当期利益：800万円

一方、資産は、

現預金：8000万円
長期借入金：4700万円
純資産：1億8700万円
総資産：2億5300万円
自己資本比率：73・9％

という、実に立派な成績でした。亡くなった良一氏の優秀さがしのばれます。何と言っても手元流動性が4カ月分あり、自己資本比率73・9％の優良企業ともなれば、銀行借入が可能と判断できました。

そこで、現経営者の義幸氏としては、現時点では全く不足している経営権の確保と、人間的関係の薄い義一氏からの債権回収ができる状態を、そして理恵ファミリーとしては、納得できる株式価値で株式を現金化し、義一氏の抱えている負債を解消できるソリューションを模索しました。

理恵氏側と義幸氏側は、感情面での行き違いがあり、早期に修復が必要です。

そこで私たちがまず、理恵氏ファミリーから親子が保有する株式を全て取得し、義幸氏に株主名簿の書き換えに関する手続きをお知らせして、話し合いを開始しました。

こちらから解決策を提案したところでメインバンクから会社への融資が決まり、自己株式として買い取りが可能になりました。これで義幸氏は社長として、しかも当社の保有分だけでなく実兄の義浩氏からも株を買い取り、１００％を保有する安定した経営ができるオーナー社長となりました。同時に懸案だった義一氏への貸付金もこの機会に回収（相殺）できたため、全ての問題が解決でき、大変喜んでいただきました。

理恵氏ファミリーにとっても、納得できる金額で株式が譲渡でき、重荷になっていたものの返済原資のあてがなかった義一氏の債務も解決したので、心機一転、安心して鍼灸整骨院の経営に集中できると喜んでいただきました。

特に後妻として苦労し、夫の創業を結婚前からの私財で助けた経緯のある理恵氏は、ご主人の努力の賜物といえる株式価値が現金で受け取れ、今後の老後生活を安心して送れ、長男や今後の孫のサポートに使える見通しがつき、はた目にも幸せそうに見えました。

## 【CASE3　まとめ】

このケースを解決する際のポイントは、

（１）経済合理性、法令や論理だけでなく、人間関係、愛憎を解きほぐす

（２）オーナー企業にありがちな「私物化」の解消

（３）実質的な経営者がその実績を頼りに１００％経営権を確保

でした。優秀な経営者だけに、離婚や再婚で家庭環境が複雑になっていくことは、決して珍しくありません。そうした中でも、順調に事業を伸ばし、残された人それぞれが思ったとおりの人生を生きていけるようお手伝いできて幸いです。

３つの物語、いかがだったでしょうか？　あなたの現状と重なる部分もあったのではないでしょうか。あるいは、ここで述べた3社のディテールは、もしかしたらあなたの会社が近い将来直面する事態によく似ているのかもしれません。

できる限り経営権を集約するために努力することは、結果として、これまで築いてきた企業を守り、自分の周辺にいる人たちを守ることにもつながります。

# 第5章

# 経営権安定の「必要3条件・十分3条件」とサントリーに学ぶ企業の事業承継

## 経営権とは何か、まずは再確認を

最後となる第5章では、まずここまで学んできた知識、そして述べてきたケースを再確認しながら、寿命、病気、事故などの不確定なリスクにも対応できる安定した経営権の確保と、スムーズな事業承継のための方法を考えます。それが、経営権安定の「必要3条件・十分3条件」です。

後半では、我が国を代表する同族企業であり、創業以来120年余り、日本をリードする企業であり続けているサントリーが、どのように経営権を安定承継しながら、雇用を確保し、成長を続けているのか、私が自称サントリー研究家として、そのヒントを探ってきました。

これは、私も含め、日本の全てのオーナー経営者が刺激を受ける内容だと自負しています。それだけ、学びと発見の多い内容です。

それではまず、第4章までの内容を踏まえ、「経営権とは何か」について復習しておきましょう。

経営権とはつまるところ、

・金庫＝お金の決裁権
・人事権

です。言い換えれば、経営者はこの２つの権限を持っているからこそ、部下に対するリーダーシップを発揮できるわけです。

最終的にその根源となるのは、これまでも見てきたとおり、株主総会での議決権です。株式会社を経営する取締役は、総会の決議によって決まるからです。

では、総会での議決権がある株式の所有割合は、いったい何％必要だったか、しっかり記憶しているでしょうか？

完全無欠を望むなら、もちろん答えは１００％です。その上で、相続や贈与に向けて手を打っておけば、現時点では完璧と言えるでしょう。

ただし、すでにある程度株式が分散しているなら、集約の目標は、

・ひとまず最低でも……50・1％以上（過半数、すなわち半数を超える）は必須
・できることなら……66・67％以上（3分の2以上）が望ましい

ことになります。

3分の2の根拠ですが、合併や株式の有利発行などの特別決議の議決権は、「議決権を行使できる株主の過半数（3分の1以上の割合を定款で定めた場合にあっては、その割合以上）が出席し、出席した株主の議決権の3分の2（これを上回る割合を定款で定めた場合にあっては、その割合）以上が賛成しなければならない」と定めているからです（会社法309条2項）。

一方、過半数の根拠は、取締役の選任や解任などの普通決議（議決権を行使することができる株主の議決権の過半数を有する株主が出席する。ただし定款で3分の1まで軽減することも可能）の決議要件において、出席した株主の議決権の過半数（定款で過半数を上回る割合を定めることも可能）で、役員（取締役・会計参与・監査役）の選任・解任などを決議できるからです。

つまり、定款で別の規定を設けている場合を除けば、議決権を有する全ての株主が決議に参加したとしても、オーナー経営者が3分の2以上を確保していれば特別決議を、過半数を確保していれば役員選任・解任などの普通決議を自分の思いのままにできるということです。

一方で同時に、総会で選出された取締役による取締役会のメンバーのうち、過半数を社長（つまりあなた）支持派で固めていなければ、常に代表取締役から解任されてしまうリスクがあります。

なぜなら、代表取締役の選任決議には、本人（あなた）にも議決権がある反面、代表取締役の解任決議には、代表取締役本人には議決権がない（決議に参加できない）からです。

会社経営においては、代表取締役としての立場、言い換えれば代表取締役であり続けていることが重要です。

なぜなら、会社を代表して契約を締結できる権限は代表取締役に属し、その立場を対外的に証明する資格証明に記載する役職は代表取締役であって、会社の実印を証明する印鑑証明書は、やはり代表取締役が肩書だからです。

## 経営権安定の「必要3条件・十分3条件」と経営理念の確立

以上の復習を踏まえ、オーナー経営者が経営権を確保するための「必要3条件・十分3条件」を、結論として述べておきます。

その前提条件としては、何をもって社会に貢献するかを考えた「経営理念」の確立が最重要です。

なぜなら、その会社が社会貢献しながら存続する意義を表すものが経営理念であり、その経営理念に賛同する役員・幹部社員・社員により一致団結して経営する会社が社会に愛され、末永く存続発展するからです。

▼経営権確保の「必要3条件」

（1）株主総会の議決権66・67%以上の確保（特別決議を議決できるため）

（2）取締役会の過半数を自分以外の信頼できる味方の取締役で確保（代表取締役の解任決議を阻止するため）

（3）代表権の所持（会社を代表して契約締結する資格と各種会議の招集権限があるため）

▼経営権確保の「十分3条件」

（1）役員・幹部社員・従業員から、経営手腕や経営姿勢が信頼されている

（2）得意先・取引先からの信頼が厚い

（3）銀行・リース会社などのファイナンス（与信）枠が、必要な金額で確保されている

「経営権を安定して確保している」状態とは、以上の必要条件3つと併せて、十分条件3つも兼ね備えていることが必須です。

総会・取締役会での議決権を確保した上で、事業で社内外からの信頼を勝ち得ていれば、誰から見ても、成功している素晴らしい経営者だと認められるはずです。

ただし、どれだけ偉大な経営者、カリスマ経営者だったとしても、時間には決して逆らえません。毎年確実に年を取りますし、個人差こそあっても寄る年波には勝てません。

そしていつかは、誰でも必ず鬼籍に入る時期が来ます。その前でも、認知症を発症するリスクが年齢とともに高まることが統計的に証明されています。

したがって、オーナー経営者の最大の使命は、会社の将来を任せられる後継者を育成した上で、その人物に、経営権を万全の態勢で承継することなのです。

ただ渡せばいいのではありません。株式の譲渡には税金対策も欠かせません。贈与は長期的なスパンで準備しないと、納税額が莫大《ばくだい》なものとなります。受け取るほうがあたふたしては大変です。

より深刻なのは、準備もなしに突然相続が発生するパターンです。あなたが立派な経営者であればあるほど、資産もあるでしょうし、価値の高い自社株を抱えているのは自明です。結果として急に莫大な相続税の支払いを余儀なくされるばかりか、オーナー経営者の遺産相続が世に言う「争続」となり、家族が骨肉の争いになってしまうのは世の常です。

成功しているオーナー経営者であれば、必ず後継者の育成とともに、遺留分侵害額請求事件などにならないための経営権承継を含む相続・贈与の事前準備が必須なのです。

## 人は必ず死ぬが、法人は死なない

ところで、どんなカリスマ経営者でも必ず最期の時は来ますが、法人は基本的に「認知症」にならず「死なない」存在です。この点を利用すると、スムーズな経営権の承継を半永久的に持続することも、あるいは可能になります。

まず、必ず老いて死を迎える人間の代わりに、ある程度の規模の会社であれば、持株会社や資産管理会社を活用することが考えられます。法人は死なないため、自然人が直接事業会社の大株主になるよりも望ましいと言えます。

また、さらにその持株会社、資産管理会社の株式をどういった形態で所有すべきか、という問題も起こります。

そこで、本書の最後に紹介したい素晴らしい事例が、サントリーにおける、法人と非営利団体を活用した経営権承継の方法です。

それは、単にスムーズな経営権承継のためのスキームにとどまりません。創業以来長い時間を経ている中で、いかに創業家一族が仲違いせず、創業者の大切にしてきた経営理念を守り続けるか、困難を乗り越え、機会をつかみ、成長を続けながら、どのように従業員の雇用を守り、お客さま、取引先の期待に応えていくか。

これだけの大きな企業でありながら、上場をせず、なお同族企業のままで存在している同社は、全てのオーナー経営者が参考にできる好例だと考えます。

## サントリー創業者・鳥井信治郎の経営理念

現在のサントリーグループ２７０社を束ね、全体の経営戦略を策定・推進しているのは、２００９年に設立されたサントリーホールディングス（以下、サントリーＨＤ）です。

グループ全体の連結売上高（年商）は２兆９７０１億円（酒税込み）、同営業利益は２７６５億円、従業員数４万人超（２０２２年12月期）。文字どおりの大企業であり、洋酒、ビール、飲料水などを製造販売する、我が国を代表する総合飲料水メーカーです。そして、サントリーＨＤの親会社は「寿不動産株式会社」で、89・５％の株を保有する絶対的な大株主となっています。

1899（明治32）年、鳥井信治郎氏が20歳で創業、「赤玉ポートワイン」をヒットさせて経営を軌道に乗せ、その後スコットランド以外では世界中で誰も成功しなかったウイスキーづくりに大変な困難を乗り越えて成功した会社です。

鳥井信治郎氏の経営理念は「利益三分主義」としてよく知られています。すなわち利益は、

（1）事業への再投資
（2）お得意先・お取引先へのサービス
（3）社会貢献

の3つに分けて役立てよう、ということです。

鳥井信治郎氏の名言といえば、「やってみなはれ、やらなわからしまへんで」のうち、特に「やってみなはれ」が有名ですが、その意味するところは、失敗を恐れることなく、新しい価値の創造を目指し、あきらめずに挑み続けることです。今風の表現だと「イノベーション」になります。

その結果、同社の事業領域としての種類は、「赤玉ポートワイン」の大ヒットから飛躍発展したわけですが、品質第一にこだわり、いい商品づくりを徹底して貫いています。

成長意欲が旺盛で、前進に次ぐ前進が基本方針の経営者でした。

また、鳥井信治郎氏は、母親からの教えで「陰徳」を積むことを徹底しました。

陰徳とは、「人に知らせず、ひそかにする善行。かくれた恩徳」を意味します。

「陰徳あれば陽報あり」（陰で善行を行う者は、必ず良い報いが表れる）を実践した方です。

具体的には、私財で30年以上奨学金を名前も名乗らず寄付し、受けた人は延べ２０００人以上に達するといいます。また、社会福祉法人邦寿会を設立し、社会事業への寄付を実践します。

さらに、神社や寺院に対しての多額の寄進も積極的に行いました。

鳥井信治郎氏は１９６１（昭和36）年まで62年間社長を務め、翌62年に天寿を全うし、83歳で永眠しました。

## サントリー一族はどのように経営権と経営理念を承継していったのか

鳥井信治郎氏には３人の息子がいました。

長男の鳥井吉太郎氏は優秀な後継者候補でしたが、不幸にして32歳で早世してしまいます。そこで次男の佐治敬三氏が二代目の社長となり、１９６１～１９８１年、年齢でいえば41〜71歳の30年間在任します。この間、年商を224億円から1兆2000億円へと、飛躍的に発展させます。

また、佐治敬三氏は文化活動の支援に非常に熱心でした。サントリー美術館を開設、サントリー芸術財団、サントリー文化財団を設立するなど、戦後日本に豊かな生活文化をもたらすべく尽力し続けてきました。

さらに、クラシック音楽の殿堂ともいえるサントリーホールを東京・赤坂に建築し、運営しています。

サントリーホール建築に際しては、20世紀で最も著名な指揮者で、「楽団の帝王」とも称されたヘルベルト・フォン・カラヤンを佐治敬三氏が自ら訪ね、直接アドバイスを受けることができました。その結果、同ホールはワインヤード（ヴィンヤード）型のホールとなり、世界最大級のパイプオルガンを設置、世界に誇れる素晴らしい音楽ホールとなりました。

また、佐治敬三氏は、大阪商工会議所の会頭など、財界活動でも大いなる貢献をしました。

そして、鳥井信治郎氏が夢見ながら途中で挫折したビール事業への進出に、1963（昭和38）年にチャレンジ、社名を「寿屋」からサントリーに変更、まさに「やってみなはれ」を実践しました。

１９１９（大正８）年に生まれ、１９９９（平成11）年に没するまで、80年の激動の人生でした。

三代目社長は、早世した長男・鳥井吉太郎氏の長男、鳥井信一郎氏が、１９９０（平成２）～２００１（平成13）年まで務めました。この間、同社は世界進出を進め、グローバル化の花を咲かせる種まきと、清涼飲料事業の強化を行いました。１９３８（昭和13）年生まれの鳥井信一郎氏は、２００４（平成16）年、66歳で永眠しました。

四代目社長は、二代目社長佐治敬三氏の長男で、１９４５（昭和20）年生まれの佐治信忠氏が、55歳当時の２００１年から13年間務めました。この間、45年間赤字だったビール事業を見事に立て直し、黒字化を実現しました。

また、アメリカの蒸留酒最大手ビーム社を1兆６５００億円で買収、蒸留酒メーカーとして世界第3位のポジションを手に入れました。

買収したビーム社の経営を掌握するため、同族外で１９５９（昭和34）年生まれの新浪剛史氏を、ローソンの社長からスカウトし、プロ経営者としての経営手腕とそのパワーに期待する決断をしました。

新浪氏は期待に応え、ビーム社にサントリースピリッツを移植します。この際、「やってみなはれ」をあえて英訳せずにそのまま「Ｙａｔｔｅ Ｍｉｎａｈａｒｅ！」と表現して説明し、全世界で通用する大阪弁にしました。

一般的にM&Aで会社を買収した後の難しさとは、企業文化の違い、さらに外国企業であれば言語も違う状況で、買収子会社をインテグレーション（同じ価値観や経営理念で一体化・融合すること）できるかにあります。新浪氏は、持ち前の押しの強さと明るさ、行動力で見事に成功し、サントリーのグローバル化を推進しました。

なお、五代目社長には、創業者・信治郎氏の長男・吉太郎氏の長男で、三代目社長・鳥井信一郎氏の長男である1966（昭和41）年生まれの鳥井信宏氏（現サントリーHD副社長）が確定しています。

来る2024年はサントリー創業125周年の年となります。信宏副社長は58歳、新浪社長も65歳となり、佐治信忠会長も79歳となるので、交代はその頃になる可能性が高いと思われます。

どうして125年間、3つの家族が、お家騒動もなく、創業者・信治郎氏の経営理念を承継しながら、適切なタイミングでバトンタッチし、1世紀以上にわたって成長を続けてくることができたのでしょうか。

そこには、秘訣があると考えます。

## 【洲山の考察1】「信治郎一族の文化」をうまく醸成するための努力

まず私が、サントリーおよび創業家を研究し、最初に注目するべきだと思うのは、創業者・信治郎氏が健在な頃から、集まる機会を増やして親密な関係を築き、同時に経営理念を受け継いでいく丁寧な人間関係づくりが存在していたことです。

鳥井信治郎氏の屋敷は兵庫県宝塚市の雲雀丘《ひばりがおか》にあり、毎週日曜日の夕方、3家族が全員集合する習慣があり、3家族の第2世代の子ども、第3世代の孫たちも参加していました。つまり、3兄弟ファミリーが家族ぐるみで長い時間を共有し、まるで1つの家族の兄弟のような環境で育ったことが大きいと考えます。

当然、毎年の正月三が日も、3家族が全員集合し、お屠蘇《とそ》・お節料理・お雑煮を食べ、サントリーのお酒を飲みながら新年を寿ぐ習慣があり、一致団結の気風が醸成されたと推察します。

こうして3家族が顔を揃《そろ》えて懇談する中で、親密な関係やさまざまな教えを受ける機会があり、信治郎氏のＤＮＡを没後もなお受け継ぎ、成長させていく土壌があったというわけです。

このように、サントリー創業家には、同族経営において起こりがちな親子げんかや兄弟げんかを生まないための知恵がありました。

色濃い関係の中で、「やってみなはれ」、「利益三分法」といった、信治郎氏の経営理念が承継され、それが子や孫の世代のみならず、四代目、そして五代目と続く秘訣なのだと確信します。

盆と正月くらいであれば、おそらくどんなオーナー経営者でも、子や孫に囲まれた時間を過ごすでしょう。しかしそれだけでは足りないということなのです。

しかし、こうして一族間の気持ちの統一を図ったとしても、本書でここまで考察してきた相続や譲渡の問題、株式分散への対策は欠かせません。

では、サントリーのオーナー一族はどのような方策を講じているのでしょうか。

## 【洲山の考察2】スムーズな承継ができる株式保有のスキーム

こうして一族間での意思統一、一致団結を図る中で、巨大なグループを束ねているサントリーＨＤの親会社は、前述のとおり「寿不動産」という資産管理会社です。

ここに、ファミリー経営が継続できる仕組みがしっかりと構築されています。

まず、サントリーＨＤの株主と保有率は次のとおりです。

| | |
|---|---|
| 寿不動産 | 89・5％ |
| サントリー持株会 | 5・01％ |
| 三菱ＵＦＪ銀行 | 1・0％ |
| 三井住友銀行 | 1・0％ |
| 三井住友信託銀行 | 1・0％ |
| 日本生命保険 | 1・0％ |
| サントリー生命科学財団 | 0・52％ |
| 佐治信忠 | 0・09％ |
| 鳥井信吾 | 0・07％ |
| 鳥井信宏 | 0・02％ |
| 新浪剛史 | 0・02％ |
| 仙波匠 | 0・02％ |

（２０２２年12月現在）

では、サントリーＨＤの圧倒的大株主である寿不動産とは、どのような企業なのでしょうか。会社概要だけでなく、財務や株主の状況、そして株式の種類や譲渡に関する項目に

## 寿不動産株式会社

【会社概要、財務状況、役員等】

本社所在地・大阪市北区堂島浜２丁目１番40号
設立：1956年（昭和31年）９月
業種：不動産業
事業内容：関係会社株式の管理、不動産賃貸業および保険代理業

資本金：１億2234万円
発行済株式総数：217万800株
売上高：86億円
営業利益：64億円
純利益：73億円
総資産：659億円
純資産：637億円
自己資本比率：96.68%
決算期：12月末日

代表取締役会長 佐治信忠（サントリーHD会長）
代表取締役副会長 鳥井信吾（サントリーHD副会長）
代表取締役社長 鳥井信宏（サントリーHD副社長）
役員数：９人
主要子会社：サントリーHD

■寿不動産の決算公告（第67期/2023年4月14日）

貸借対照表の要旨（2022年12月31日現在）（単位：百万円）

| 資産の部 | | 負債・純資産合計 | |
|---|---|---|---|
| 流動資産 | 24,333 | 流動負債 | 232 |
| 固定資産 | 47,239 | 固定負債 | 2,178 |
| | | 株主資本 | 64,840 |
| | | 資本金 | 122 |
| | | 資本剰余金 | 2 |
| | | 資本準備金 | 2 |
| | | 利益剰余金 | 64,715 |
| | | 利益準備金 | 30 |
| | | その他利益剰余金 | 64,684 |
| | | （うち当期純利益） | （7,620） |
| | | 評価・換算差額等 | 4,321 |
| | | その他有価証券評価差額金 | 4,321 |
| 資産合計 | 71,572 | 負債・純資産合計 | 71,572 |

【主要株主】
公益財団法人 サントリー芸術財団 13.81%
公益財団法人 サントリー文化財団 9.21%
佐治信忠 4.97%
鳥井信吾 4.97%
鳥井信宏 4.84%
その他 15名の個人が所有

【株式の状況】
発行可能株式総数 800万株
発行済株式総数 217万800株
各種の株式の数 取得条項付種類株式：157万800株
完全無議決権種類株式：60万株

■ 取得条項付種類株式

1. 当会社が発行する取得条項付種類株式は、取締役会が取得を決議した場合、当該決議で定める日に、当会社が取得するものとする。
2. 前号により、取得条項付種類株式を取得する場合、対象とする種類株式は、取締役会で決議する。
3. 当会社が、取得条項付種類株式を取得する場合、取得条項付種類株式１株に対し、当会社の完全無議決権株式１株を交付する。
4. 取得に関する手続き
   取締役会は、前記第1号に定める取得の決定について、当会社の取得条項付種類株式が、贈与、遺贈その他の理由により、公益財団法人に対して譲渡された場合にのみ行うものとする。

■ 完全無議決権種類株式

1. 完全無議決権種類株主は、一切の議決権を有しない。
2. 完全無議決権種類株主は、前号に定める以外は、他の株主と同等の権利を有する。

■ 株式譲渡制限に関する規定

当会社の株式の譲渡による取得については、取締役会の承認を要する。

注目してください。

寿不動産の株式譲渡制限と取得条項付種類株式を考察すると、現在の個人株主が、会社にとって「望ましくない法人や個人」に株式譲渡することを拒否し、会社もしくは指定買取人が買い取れるようにしています。

そして発行会社が買取る際は、「みなし配当扱い」となり、分離課税ではなく総合課税となって約55％（住民税10％含む）、手取額は売却額の約45％にしかなりません。

また、寿不動産は株式保有特定会社（資産の中で株式保有割合が半数以上を占める会社）です。そのため税務上の株価評価は純資産方式となり、相続するとしても巨額の税金負担が生じます。

つまり、相続が発生する際、株式譲渡制限の対象外とはなるので相続可能ですが、相続税は必要であり、莫大な金額を支払わなければなりません。

ここで、上位2位までの株主に、公益財団法人が入っていることに注目してください。公益財団法人への贈与・寄付は非課税となるため、巨額の相続税の発生を避けて財団に寄付して無議決権株式に交換してもらい、配当だけを受け取る権利を選ぶ株主がほとんどだと思われます。

つまり、今は個人に分散している寿不動産の株式は、各株主において代替わり・贈与を考えるにつれ、「死なない法人」、それも、創業者・信治郎氏の「利益三分主義」の３番目に当たる社会貢献を実践するための公益財団法人に集約されていく仕掛けが完成しているわけです。

普通株式を取得条項付種類株式に変更するための定款変更は、株主全員の同意による株主総会の特別決議が必要なのですが、２０１０（平成22）年10月18日に定款変更とされているので、その際に、円満に全株主の承諾が得られたと思われます。

また、子会社であるサントリーＨＤの佐治信忠会長・鳥井信吾副会長が、寿不動産でも同じく会長・副会長に、ＨＤ副社長の鳥井信宏が寿不動産では社長に就任していて、創業家においてはＨＤ次期社長のポジションが明確になっています。

つまり、家族を大切にする信治郎の思いを実現するために、家族には安定した株式配当による経済的なメリットを保証し、経営は経営能力のある人材に託す、資本と経営の分離が見事に結実しています。

サントリーは、こうした仕組みによって、安定した経営権と創業者の経営理念を共に承継できるというわけです。

経営は結局人がするものです。創業の経営理念を大切に承継しつつ、時代に合わせて商

サントリー創業家一族家系図

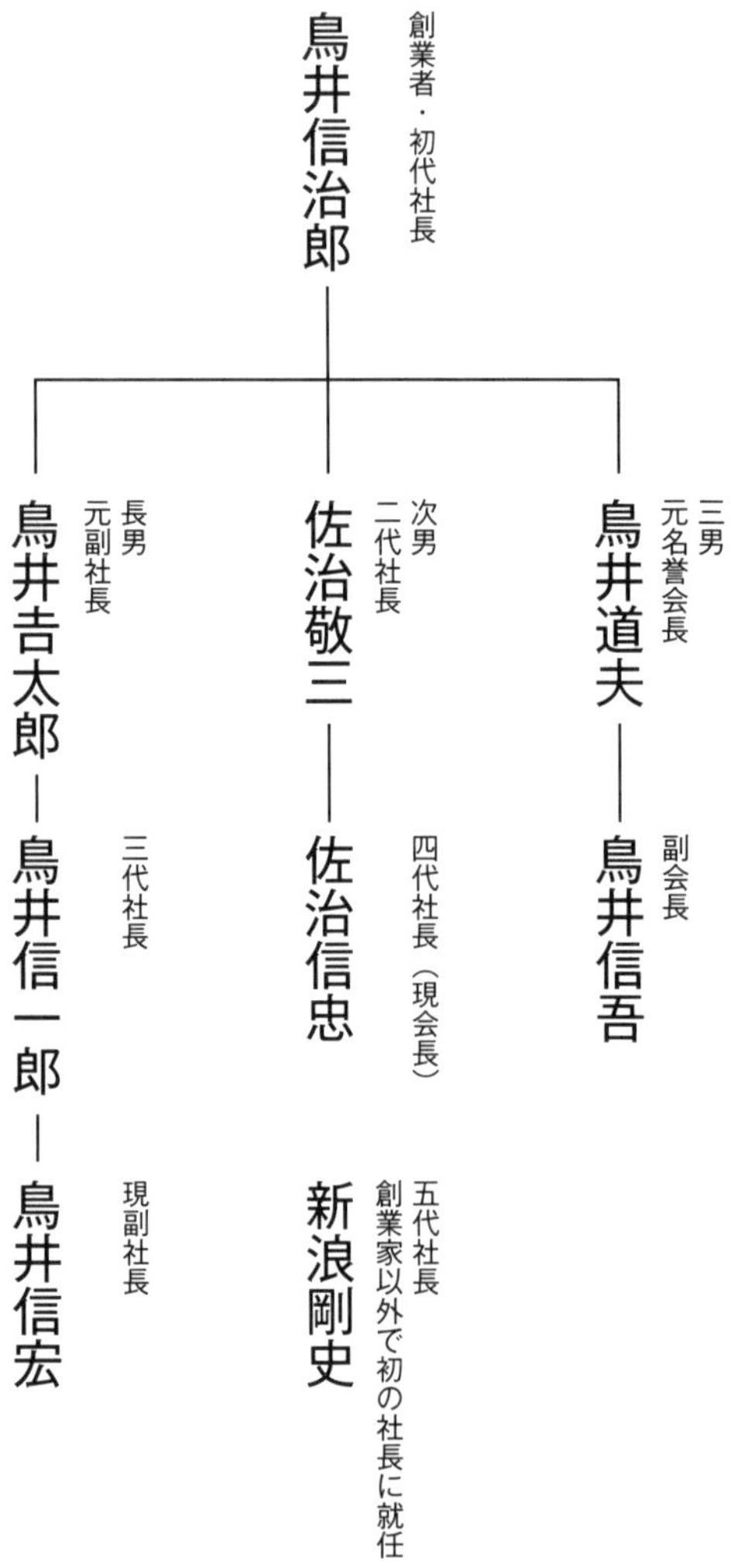

品・サービスや提供方法は変えるのが重要です。

私は、これこそ俳聖・松尾芭蕉のいう「不易流行」の考え方だと思います。「不易流行」とは、芭蕉が「奥の細道」の旅をする中で体得した概念で、「不易を知らざれば基立ちがたく、流行を知らざれば風新たならず」という言葉がもとになっています。「不易」は、いくら世の中が変わっても変わらないもの、変えてはいけないもので、「経営理念」や「やってみなはれ」のサントリースピリッツがそうでしょう。「流行」とは世の中の変化とともに変わっていくもので、時代に応じた商品開発やハイボールのような新たな飲み方などのイノベーション開発でしょう。

グローバル巨大企業に成長したサントリーグループですが、今後はどのように創業者・信治郎氏の経営理念や「やってみなはれ」スピリッツを承継していくのでしょうか。

そのヒントは、北欧フィンランドの食品企業にあるといいます。

創業者と血がつながる株主60人が、月に１回集まる会合を、50年も続けているのを参考にして、サントリーでは、オーナー一族10人以上が集まる勉強会を定期的に開催しているそうです。

サントリーには、安定した経営権を確保しながら、スムーズな事業承継をするヒントがあります。そして、どれだけ規模が大きくなっても、経営権確保の必要３条件と十分３条件は変わらないことも再確認してください。

## オーナー経営者はサントリーから何を学び、何を活かすか

巨大企業サントリーと比較すれば、自分の会社があまりにも小さく、参考にならないのではないかと考えるオーナー経営者もいるでしょう。しかし、そんなことはありません。サントリーは巨大企業ですが、むしろ資本構造はごくシンプルなままだからです。

ポイントは、いかに株式を分散させず、安定した経営権の保有を実現するかです。まず学ぶべきは、資産管理会社を活用し、死なない法人が事業会社の大株主となることが望ましい点です。

特にサントリーを保有する寿不動産は、公益財団法人が大株主です。公益財団法人は創業者・信治郎氏の理念を実現するための重要な存在です。一方で公益財団法人は、株式の保有に一定の制限、認定基準があります。細かくはケースによって異なってきますので、実際にスキームを考える際は専門家とよく相談する必要があります。

もう1つは、事業を承継しやすく、特別決議ができる3分の2まで株式を集約した段階で、寿不動産のように、それ以上株式が分散しにくくするため、そして話し合いがうまく

いかないケースも考慮して、定款を変更するアイデアです。次の項で改めて解説します。

## 株式集約、経営権確保のために今すぐすべきこととは

まとめとして、本書を最後までお読みいただき、株式集約への危機感や必要性を痛感したオーナー経営者がすべきことを述べておきます。

まずは、すぐに株主名簿を調べ、名義株が含まれていないかを調査してください。

名義株とは、１９９０（平成２）年改正以前の旧商法時代、株式会社を設立するのに7人の発起人が必要だったために、資本金は出してもらわず、名義だけを借りて発起人兼株主になってもらっていたケースで生じることの多かった株式です。

そのために、実際の資本金を出したオーナー（あなた）に名義変更する手続きが必要です。

ただし、名義株でも配当を支給していると、実際の株主として認めたことになるので、話し合いによる解決ができない場合は、通常の株式と同様に買い取る必要があります。

次に、第4章でも見てきたとおり、会社とは関係がなくなった元役員・元社員や事業に関係のない親族の株式も、話し合いをしながら株式を買い取り集約するべきです。

これは、早くするに越したことはありません。株主と懇意にしているオーナーが生きて

いるうちに話をしないと、代替わりして面識のない人との交渉になっても、話がかみ合わない場合があるからです。

そこで、話し合いの解決が困難な対策として、株主総会の特別決議にて、「株式等売渡請求権」追加の定款変更を行い、「種類株式」を導入して、「全部取得条項付種類株式」に変更するなどの手続きが必要です。先ほど、サントリーの事例で学んだとおりです。

ただし、株主総会における特別決議には、議決権の過半数の株主の出席、出席株主の議決権の3分の2以上の賛成が必要です。当然、それだけの議決権が確保できない場合は、コツコツと株式を集約する地道な努力が必要となります。

相当な時間と根気が必要です。専門家と相談しながら進めないと、いつまでも解決しません。手をこまねいているうちに株主の側で相続が発生すれば、分散株式は、ますます分散していくことになります。

分散株式の受け皿としては、オーナーファミリーが買い取るか、発行会社が「自己株式」として取得するか、「従業員持株会」「役員持株会」「取引先持株会」、関連会社・後継者が設立する「資産管理会社」や「持株会社」などが考えられますが、弁護士や税理士など専門家とよく相談しながら進めるべきです。

次に、事業承継対策としては、第3章で見たとおり、現在の株価評価を行い、オーナーから事業承継者への株式の移転をどうするかを検討すべきです。

よくある作戦としては、オーナー社長に巨額の退職金を支給し、含み損のある不動産や有価証券は売却して特別損失に計上し、株価を下げてから、後継者が設立した資産管理会社にオーナー所有株式を譲渡する方法です。

生まれた順番に、社長を務めて会長になり、その後相談役となり引退するハッピーリタイアメント人生を全員が過ごせば幸せですが、順番が狂う場合もあります。

サンリオのように、ビジネスモデルを大転換して営業利益２１０億円を稼いだ優秀な後継者の副社長だった息子の辻邦彦さんがアメリカで亡くなり、辻信太郎社長が創業以来60年執念で頑張り、孫の辻朋邦専務が31歳の時にバトンタッチした事例もあります。

「相続時精算課税制度」(注1)や「事業承継信託」(注2)の活用に加え、「黄金株」(注3)や「事業承継税制」(注4)などさまざまな制度があり、自社に最も適した事業承継方法と税金の対策は、じっくり時間をかけて専門家とチームを作って作戦を練る必要があります。

注1：「相続時精算課税制度」とは、原則60歳以上の父母または祖父母などから、18歳以上の子または孫などに対し、財産を贈与した場合において選択できる贈与税の制度のこと。この制度を選択すれば、財産を前渡しで子や孫に引き継ぐことができる。贈与の際には、贈与財産に対する軽減された贈与税を支払い、その後、相続

時（贈与者が亡くなったとき）に、他の相続税の対象となる財産と合算して、相続税の申告を行う。

相続時精算課税制度には特別控除があり、累計で2500万円まで非課税。同一の父母または祖父母からの贈与においては、限度額に達するまで何回でも控除することができる。ただし、この制度を利用した場合、贈与税の基礎控除（110万円）の利用はできない。

贈与額が2500万円を超えた場合は、超えた額に対して一律20％の贈与税が課税されるが、その贈与税は相続時に相続税額から差し引かれ、相続税額が少ない場合は差額が還付される。

相続時精算課税制度は選択制であり、この制度を選択すると、利用した関係の間では通常の贈与（暦年贈与）は適用されない。また、一度選択したら取り消すことはできない。

【税制改正について】

なお、「令和5年度税制改正」によって、暦年課税と相続時精算課税制度については、2024（令和6）年1月1日以降に受けた贈与から見直される予定である。

（1）暦年課税については、贈与を受けた財産を相続財産に加算する期間を相続開始前3年から7年間に延長し、延長した4年間に受けた贈与のうち、総額100万円までは相続財産に加算しない。

（2）相続時精算課税については、「基礎控除」が創設され、年間110万円までの相続時精算課税贈与は、相続財産に加算されない。また、「贈与を受けた土地・建物が災害により一定以上の被害を受けた場合は相続時に課税価格を再計算する」見直しが行われる。

注2：事業承継信託とは、会社経営者がケガや病気・死亡・認知機能の低下に備えて、事業の承継を後継者へ行う方法の1つ。「自社株信託」とも言う。商事信託と民事信託の2つのケースがある。商事信託は、委託者から信託された受託者が信託会社や信託銀行となるケースで、管理や運営の見返りとして、信託会社や信託銀行は信託報酬を受け取る。民事信託は、家族や親戚が受託者となるケースで、資産の管理・運用を行う。

注３：「拒否権付株式」とも言い、株主総会又は取締役会において、重要議案を否決できる権利を与えられた種類株式のこと。黄金株を持つ株主は、株主総会の決議を拒否できる強力な権限を持つ。事業承継やＭ＆Ａの際に活用されるのが一般的だが、乱用によって経営に悪影響が出たり、他の株主とのトラブルが発生する可能性があるなど、使い方を誤ると深刻な悪影響を及ぼすこともある。

注４：会社や個人事業の後継者が取得した一定の資産について、贈与税や相続税の納税が猶予される制度のこと。会社の株式等を対象とする「法人版事業承継税制」と、個人事業者の事業用資産を対象とする「個人版事業承継税制」がある。

法人版について後継者の要件は、会社の代表者であること、贈与により筆頭株主となること、役員就任後３年が経過していることなど。ただし、契約時点では合意していたはずが、数年が経ち、親子の関係性が悪化するなど、前提条件が狂いだすとリカバリー困難な状況になりがちなので、慎重に検討することが必要。

繰り返しになりますが、法律や税法は時代に合わせてしばしば改正されます。最新の情報を把握し、自社に合う最適なスキームを専門家の知見アドバイスを受けながら進めることが肝心です。

なお、分散株式の集約方法については、弊社が分散株式集約サポート部門において無料相談を実施していますので、必要があればお問い合わせください。

## おわりに

ここで過去を振り返りますと、私は昭和28（1953）年3月、徳島県に生まれましたので、今年の3月には、70歳の古稀を迎えました。

また、昭和53（1978）年から社長をしており、オーナー社長歴45年となります。

そこで、私の波乱万丈・ジェットコースター人生の家業破綻後の後日談を語ります。

家族ですが、「金の切れ目が、縁の切れ目」とよく言われますが、私の妻も3人の娘も会社が破綻し、家計がピンチになったことに対して、私を一言も責めず、泣き言も一切言わず、私の再起を信じて、どん底を耐えてくれました。

そんなけなげな家族のために、天が味方したのか、根抵当権約2億円が付いていた自宅を守り、一家離散せずに、娘3人が勇気と理解ある配偶者に恵まれて幸せな家庭を築き、スープの冷めない距離で3家族がマイホームで暮らし、孫も6人で総勢14人のファミリーとなりました。

2020年には、私の腎臓病が悪化して、透析カウントダウン状態となりましたが、妻がドナーとなり、腎臓移植を行いました。

したがいまして、糟糠の妻(注)には頭があがらず、何かのことで口論になると、「私の腎臓を返せ！」と言われると、水戸黄門の印籠と同じで、「ははあ！」と言うしかありません。かかる経緯で、私は単身赴任の出稼ぎ労働者で、「亭主元気で留守がいい」を実践し、「生涯青春・一生挑戦」をモットーに世の中のお役に立てる活動を推進しています。

注：「糟糠《そうこう》の妻は堂《どう》より下《くだ》さず」。立身出世したとしても、貧しい時代を共に暮らしてきた妻を見捨てることはできないことを言う。後漢の初代皇帝・光武帝が夫に先立たれた姉を宋弘にめあわせようとしたところ、清廉な人柄の宋弘が答えた言葉による。「糟糠」は酒粕《さけかす》と糠《ぬか》を指すきわめて粗末な食事のことで、「堂」は表座敷の意味。

私が三代目として引き継いだ家業は、すでに述べたとおり、経営悪化によって組織を再編するスキームによって「グッド」と「バッド」に分割、「グッド」部分の会社はＭ＆Ａによって人手に渡りましたが、その後長女が四代目となり、家業を再興しました。

その結果、今年２０２３年は、祖父が１９２４（大正13）年に創業して以来、99周年を迎えました。人生ならば「白寿」の祝いの年であり、来る２０２４年には、ついに創業１００周年を迎えます。

かつて「地方企業の希望の星」として周囲から期待されながら、私が経営判断を間違えたので、一度は家業が断絶するという大きな挫折を味わい、そこから復活した長年の経営者人生、そしてこの間1000社超をサポートした経営コンサルタント人生で実感することがあります。

経営とは、紆余《うよ》曲折の連続、山あり谷ありです。

しかし、最も重要なことは、風雪に耐え、艱難辛苦を乗り越えて、末永い事業承継により、自社の事業が世の中のお役に立ちながら、50年、そして100年と継続していくことです。

私が経営コンサルティングをする中で、非上場株式をお持ちの少数株主様から株式を現金化する依頼があり、「株式買取相談センター」を立ち上げ、活動を開始しました。

すると、初年度に110件だった問い合わせは、2年目には285件、3年目には465件と急激に増えています。それだけ非上場株の株式を買い取ってほしいというニーズがあることが分かります。

また、弁護士の先生からいただくご相談も同5件→同19件→同25件へと増加し、破産管財人からのご依頼も、同3件→同2件→同15件と増加しており、管財事件の早期決着にも貢献できつつあります。そして、何よりもオーナー社長側から、「分散株式を集約できてよかった」との反応をいただくのが心の支えですし、分散株式を集約されたいニーズが本当に多いと実感しています。

まずは、経営権を安定させるための「必要3条件」＋「十分3条件」を整えるため、戦略的に計画を立てることをすすめます。

当然のこととして、前提条件は、経営理念や行動指針などの、何をもって社会に貢献するかが明確であることと、社員の雇用をするなら、会社の発展と社員の幸福が一致する経営を目指すことです。

そして、せっかく創業した会社を、父祖から受け継いできた優良企業を、同族間で骨肉の争いに変えてしまわないように、対策を考えていただきたいと思います。また、サントリーの例でも学んだとおり、ファミリーが定期的に会い、経営理念を共有しながら、交流する文化を推進されるとよいでしょう。

そこには、ただでさえ将来が危ぶまれる日本経済に、良い会社を残し、未来へとつながる付加価値を生産し続ける大切な意義があるからです。

読者の皆様が、スムーズに事業を承継され、大切な企業の価値、家族や親戚、従業員や取引先との絆を守り、与えられた天命を全うするにあたって、最後まで充実した人生を送られることを願ってやみません。

【参考文献】

杉森久英『美酒一代——鳥井信治郎伝』（新潮文庫）
山口瞳『青雲の志について』（集英社文庫）
山口瞳、開高健『やってみなはれ　みとくんなはれ』（新潮文庫）
邦光史郎『芳醇な樽——やってみなはれ』（集英社文庫）
佐治敬三『へんこつ　なんこつ』（日本経済新聞社）
松永和浩『佐治敬三〝百面相〟　大阪が生んだ稀代の経営者』（大阪大学出版会）
小玉武『佐治敬三——夢、大きく膨らませてみなはれ』（ミネルヴァ書房）
廣澤昌『サントリー・佐治敬三伝　新しきこと　面白きこと』（文藝春秋）
北康利『佐治敬三と開高健　最強のふたり』（講談社）
泉秀一『世襲と経営　サントリー・佐治信忠の信念』（文藝春秋）

**本書を購入してくださった皆様へ**
**特別ダウンロードサービスのご案内**

**「安定した経営権が確保できているか否かのチェックシート」**

**＜申込方法＞**

下記 URL にアクセスしていただくか、
QR コードを読み取ってください。

https://gmmi.jp/keieiken_check/

※こちらの特典は、予告なく内容を変更・終了する場合があります。
※本特典に関するお問い合わせは、株式会社喜望大地（shokei@gmmi.jp）までお願いいたします。

株式会社喜望大地に関する最新情報は、
下記 URL よりご確認いただけます。

https://gmmi.jp/

［著者］

## 喜多洲山（きた・しゅうざん）

喜望大地会長、オーナー社長歴45年。社長の経営安定化と安定した経営権の事業承継をミッションとする。ローカル小売業の３代目として年商１億円から50億円まで拡大し、SBI等ベンチャーキャピタル４社から出資を受けIPOを目指すも、負債30億円を抱え、破綻寸前の経営危機に陥る。内容証明郵便300通、特別送達100通、所有不動産の競売９物件、数え切れない差し押さえなど、筆舌に尽くせぬ艱難辛苦を経験する。修羅場体験の中で事業継続に奔走し、組織再編とスポンサーへのM&Aで事業を再生。その経験を活かして、18年間で約1100社の事業再生・変革に成功する。「社長に笑顔と勇気を与え続ける！」を旗印に、悩める社長の救世主として、事業承継に重要な経営権の承継コンサルを日本全国で展開する。認定事業再生士（CTP）、立命館大学大学院経営管理研究科修了（MBA）。著書に『少数株主のための非上場株式を高価売却する方法』『あなたの会社をお救いします——事業再生総合病院』（共に幻冬舎）、『社長最後の大仕事。借金があっても事業承継』（ダイヤモンド社）、『ハイリスク金融商品に騙されるな！』（共著、PHP研究所）などがある。

オーナー社長歴45年 洲山が語る

**社長のための分散株式の集約で経営権を確保する方法**

---

2023年8月22日　第１刷発行

著者——————喜多洲山
発行所—————ダイヤモンド社
〒150-8409　東京都渋谷区神宮前6-12-17
https://www.diamond.co.jp/
電話／03-5778-7235（編集）　03-5778-7240（販売）
編集協力—————増澤 健太郎、齋藤卓也
校正——————久高将武
ブックデザイン———ジュリアーノ・ナカニシ（有限会社エクサピーコ）
製作進行—————ダイヤモンド・グラフィック社
印刷——————信毎書籍印刷（本文）・新藤慶昌堂（カバー）
製本——————本間製本
編集担当—————田口昌輝

---

©2023 Shuzan KITA
ISBN 978-4-478-11782-8
落丁・乱丁本はお手数ですが小社営業局までお送りください。送料小社負担にてお取り替えいたします。ただし、古書店で購入されたものについてはお取り替えできません。
無断転載・複製を禁ず
Printed in Japan